2e ANNÉE DU 2e CYCLE DU SECONDAIRE

CAHIER-MANUEL

LES ÉDITIONS LA PENSÉE inc.

DIALOGUES

Auteures Chantal Bertrand
Mélanie Dubois

Collection Agora

Coordonnateur Jean-Marie Debunne

Conception graphique Les éditions La Pensée inc.

Révision linguistique Nathalie Elliott
Caroline Turgeon

Illustrations Éric Thériault
Caryne Fournier

© Les éditions La Pensée inc., 2008
Tous droits réservés.

On ne peut reproduire, enregistrer ni diffuser aucune partie du présent ouvrage, sous quelque forme ou par quelque procédé que ce soit, électronique, mécanique, photographique, sonore, magnétique ou autre, sans avoir obtenu au préalable l'autorisation écrite de l'éditeur.

Dépôt légal
Bibliothèque et Archives nationales du Québec, 2008
Bibliothèque et Archives Canada, 2008

IMPRIMÉ AU CANADA

ISBN 978-2-89458-220-6

Nous reconnaissons l'aide financière du gouvernement du Canada par l'entremise du Programme d'Aide au Développement de l'Industrie de l'Édition (PADIÉ) pour nos activités d'édition.

Canadä

LE «PHOTOCOPILLAGE» TUE LE LIVRE

4370, avenue de l'Hôtel-de-Ville
Montréal (Québec) H2W 2H5
Téléphone: 514-848-9042
Sans frais: 1 800 667-5442
Télécopie: 514-848-9836
Internet: http://www.editions-lapensee.qc.ca
Courriel: information@editions-lapensee.qc.ca

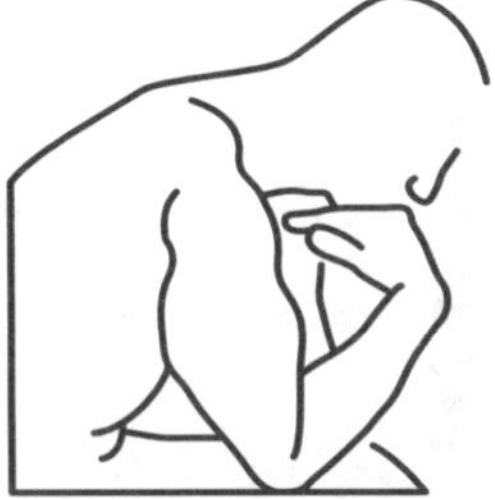

LES ÉDITIONS LA PENSÉE inc.

Table des matières

© Les éditions La Pensée inc.

Remerciements

Nous tenons à remercier toutes les personnes qui nous ont aidées à réaliser ces cahiers-manuels. Tout d'abord, nos conjoints André et Mario pour leur soutien constant durant toutes les étapes de réalisation de ce grand projet. Nous aimerions remercier Houda, Catherine, Stéphanie et Micheline, qui ont pris grand soin de nos garçons, afin de nous permettre de travailler. Sans elles, avec quatre enfants, nous n'aurions pu y arriver. Un gros merci au groupe Yelo Molo pour nous avoir permis d'utiliser les paroles de sa chanson *On veut ton bien* tirée de l'album *Écoute!*, à Laure Waridel, à Françoise David, aux employés de l'église du Très-Saint-Nom-de-Jésus et aux dévots de Krishna qui ont été très accueillants lors de notre séance de photos. Un gros merci à Isabelle Saine pour son apport factuel à la partie sur le judaïsme. Merci aussi aux concepteurs du site amis-Tibet pour nous avoir gracieusement fait don de leur texte sur le dalaï-lama, ainsi qu'à Joann McCann pour nous avoir permis d'utiliser son texte et ses photos du Rocher de l'Oiseau. Nous tenons à remercier M. Jean-Marie Debunne pour ses précieux conseils, son soutien et sa disponibilité. Enfin, nous aimerions aussi remercier toutes les personnes qui nous ont gentiment fait don de leurs photos, afin d'agrémenter notre cahier: womenpriests, Gil Labescat, Chrystian Boyer, Jean-François Vallée, Danielle Gagnon, Julie Bolduc, Julie Vig, Caroline Pépin, Manon Thivierge, Michel Ross et Dominic Gouin.

Chantal Bertrand et Mélanie Dubois

 © Les éditions La Pensée inc.

Présentation de ton cahier

Guerre israélo-palestinienne, terrorisme, accommodements raisonnables, nouveaux mouvements religieux, clonage, avortement… l'actualité d'ici et d'ailleurs regorge de questions éthiques ou liées au phénomène religieux. Le gouvernement du Québec a décidé, en accord avec l'ensemble du mouvement de sécularisation qui a lieu dans la province depuis les années 1960, que l'enseignement religieux confessionnel devait se faire à l'extérieur des écoles. L'idée de le remplacer par un cours d'éthique et de culture religieuse a dès lors commencé à faire son chemin. L'ambition était de créer un cours commun à tous les élèves du Québec, avec pour finalités la reconnaissance de l'autre et la poursuite du bien commun.

De nombreuses consultations et des débats ont eu lieu. À la radio, à la télévision et dans les journaux, on a beaucoup commenté cet événement que l'on peut qualifier d'historique et qui débute officiellement cette année, avec vous.

Le cours est divisé en deux volets, soit *éthique* et *culture religieuse*. Ces derniers sont « deux dimensions distinctes de la réalité sociale, mais renvoyant l'une à l'autre à des zones d'expression particulièrement sensibles à la diversité.[1] »

Tu auras l'occasion tout au long de cette année scolaire de développer les compétences suivantes :

1. Réfléchir sur des questions éthiques
2. Manifester une compréhension du phénomène religieux
3. Pratiquer le dialogue

Pour cheminer ensemble à l'intérieur de cet ambitieux programme, nous aborderons différents sujets dont certains te touchent de très près. Au menu : environnement et fin du monde, lutte pour l'égalité entre les sexes, le commerce équitable, des questions existentielles, des croyances religieuses, des œuvres d'art, des citations interpellantes et bien d'autres découvertes.

Nous aborderons donc des sujets d'intérêt public et la classe se transformera en agora, c'est-à-dire en un lieu privilégié pour les échanges constructifs entre collègues où tous auront un égal droit de parole.

Les auteures de ce cahier souhaitent que cet outil t'aide à faire avancer ta réflexion, ton désir d'engagement, et qu'il ouvre tes horizons afin de t'aider à devenir un meilleur citoyen ou une meilleure citoyenne dans le but d'apprendre à vivre ensemble de la manière la plus juste et enrichissante pour tous.

[1] Programme « Éthique et culture religieuse » au secondaire, version approuvée le 13 juillet 2007 par le ministère de l'Éducation, du Loisir et du Sport, p. 8.

© Les éditions La Pensée inc.

Explication des symboles

Tout au long de ce cahier-manuel, tu retrouveras les quatre symboles: Athéna, Socrate, l'agora et parchemin. Chacun d'entre eux symbolise l'une des compétences liées au cours d'éthique et culture religieuse. Voici donc leur signification. Chaque fois que tu les retrouveras dans un *Dialogue* [2], tu sauras à quelle compétence il se réfère.

Athéna:

Il s'agit de la déesse de la sagesse et de l'intelligence dans la mythologie gréco-romaine. Elle représente dans notre cahier la compétence *Manifester une compréhension du phénomène religieux.*

Socrate:

Philosophe célèbre de l'Antiquité, Socrate aimait à dire avec un brin d'ironie que la seule chose qu'il savait était qu'il ne savait rien. « Socrate ne considérait pas son activité philosophique comme un enseignement mais comme une aide à l'accouchement (maïeutique) permettant d'effectuer une réflexion critique sur soi-même. [3] » Tu le retrouveras chaque fois que la compétence *Réfléchir sur des questions éthiques* sera en cause.

Agora:

Une agora était un espace public dans l'Antiquité où se pratiquaient les activités économiques, religieuses et politiques. Il s'agit de l'emplacement où se vivait la démocratie dans la cité (unité politique et économique d'une ville et de son territoire), puisque chaque citoyen y avait un droit de parole (les hommes libres). Tu retrouveras ce symbole lorsque la compétence *Pratiquer le dialogue* sera présente.

Parchemin:

Lorsque tu verras ce symbole, fais attention aux différentes entraves au dialogue. Tu peux te référer à l'annexe de ton cahier-manuel pour les connaître.

[2] Dialogue: Situation d'apprentissage et d'évaluation.

[3] DELIUS, Christoph, et autres. *Histoire de la philosophie: de l'Antiquité à nos jours*, Cologne, Könemann, 2000.

© Les éditions La Pensée inc.

Mille et un visages de dieux

Dès ses débuts, l'humanité a été confrontée à une panoplie de catastrophes naturelles, de maladies, de mystères, ainsi qu'à la mort. Afin de ne pas vivre dans l'absurde, les humains ont créé des récits mythologiques et des dieux. Ce faisant, ils trouvaient des réponses à leurs questions existentielles : « D'où venons-nous ? », « Que faisons-nous sur terre ? », « Qu'y a-t-il après la mort ? ». De la mythologie sumérienne à l'existentialisme athée, nous découvrirons un vaste éventail de représentations de dieux à travers le temps. Nous verrons aussi qu'il y a différentes attitudes face à l'existence de Dieu, dont la non-croyance et le doute. Tu seras toi-même invité ou invitée à jouer le religiologue en participant à la création d'un panthéon des plus éclatés.

Mélanie Dubois

Mélanie Dubois

Manon Thivierge

Mélanie Dubois

Mélanie Dubois

© Les éditions La Pensée inc.

Tâche de l'élève: Lis les citations suivantes et choisis-en une qui correspond à tes valeurs et une qui s'y oppose. Explique tes choix en prenant bien soin de nommer quelles sont les valeurs en cause.

1. Le bon Dieu ne m'inspire aucune terreur. Si lui et moi nous rencontrons un jour, j'aurais bien plus de reproches à lui faire que lui à moi. (Freud)
2. L'univers m'embarrasse et je ne puis songer que cette horloge existe et n'ait point d'horloger. (Voltaire)
3. La seule excuse de Dieu est qu'il n'existe pas. (Stendhal)
4. Expliquer toute chose par Dieu, cela revient à couper court à toute question, à réprimer toute curiosité intellectuelle, à étouffer tout progrès scientifique. (Warraq)
5. Si seulement Dieu voulait me donner un signe de son existence... S'il me déposait un bon paquet de fric dans une banque suisse, par exemple! (Woody Allen)
6. Ne pensez-vous pas que Dieu doit souvent avoir envie de croire que l'homme n'existe pas? (Brie)
7. Dieu et l'humanité ressemblent à deux amants qui, ayant fait erreur sur le lieu de rendez-vous, ne se rejoignent jamais. (Weil)
8. Quand Dieu se tait, on peut lui faire dire ce que l'on veut. (Sartre)
9. C'est le cœur qui sent Dieu et non la raison. (Pascal)
10. C'est Dieu qui nous fait vivre et c'est Dieu qu'il faut aimer. (Malherbe)
11. Un peu de science éloigne de Dieu, beaucoup y ramène. (Pasteur)
12. Le vrai Dieu, le Dieu fort c'est le Dieu des idées. (Vigny)
13. Je respecte trop l'idée de Dieu pour la rendre responsable d'un monde aussi absurde. (Duhamel)
14. Dieu, mon petit bonhomme, c'est aussi simple que le soleil. Le soleil ne nous demande pas de l'adorer. Il nous demande seulement de ne pas lui faire obstacle et de le laisser passer, laisser faire. (Bobin)
15. Dieu, celui que tout le monde connaît, de nom. (Renard)
16. La recherche de Dieu est une entreprise toute personnelle. (Carrel)
17. La foi stupide ne peut que déplaire à Dieu. (Renard)
18. La beauté est une des rares choses qui ne font pas douter de Dieu. (Anouilh)

Citation qui correspond à tes valeurs: ________________________________

Explications: ________________________________

____

____

Citation qui s'oppose à tes valeurs: ________________________________

Explications: ________________________________

____

____

 © Les éditions La Pensée inc.

Comme tu en as eu un aperçu avec l'ensemble des citations que tu as vu précédemment, il y a différentes façons d'envisager le divin. Voici six attitudes face à l'existence de Dieu. Trouves-en les définitions.

Attitudes	Définitions
Croyant	______
Déiste	______
Agnostique	______
Sceptique	______
Athée	______
Indifférent	______

Voici quelques représentations de Dieu dans différentes religions. Avant de débuter, cherche les définitions des mots suivants. Ceux-ci t'aideront à mieux comprendre la section suivante.

- Monothéisme : ______
- Polythéisme : ______

© Les éditions La Pensée inc.

Les dieux dans diverses traditions

Spiritualité amérindienne
Le maître des animaux est celui qui «contrôle» une espèce. C'est lui qui donne les animaux aux humains. Afin de pouvoir chasser, il faut donc entretenir de bons rapports avec lui. On peut le contacter à l'aide de différents rituels dont celui de la «Tente tremblante».

Religions monothéistes

Représentation dans le christianisme

Chrystian Boyer

Dans le christianisme, il n'y a qu'un seul Dieu considéré comme parfait, omniscient, omniprésent et transcendant. Cependant, celui-ci se manifeste comme Père, Fils et Esprit. Le *Père* invoque le Dieu créateur et l'autorité transcendante. Le *Fils*, c'est Dieu qui s'est fait chair en la personne de Jésus et l'*Esprit* est le souffle de Dieu qui guide les croyants.

Voici la représentation de Dieu dans *Le petit catéchisme du diocèse de Québec*[4]. À une certaine époque, tous les élèves des écoles catholiques du Québec devaient apprendre ce livre par cœur (jusque dans les années 1960).

Qu'est-ce que Dieu?
Dieu est un esprit infiniment parfait.

Peut-il y avoir plusieurs dieux ou plusieurs esprits infiniment parfaits?
Non; il ne peut y en avoir qu'un seul.

Où est Dieu?
Dieu est partout: il remplit le ciel et la terre.

Dieu voit-il tout et connaît-il tout?
Oui, Dieu voit tout et connaît tout, même ce qu'il y a de plus caché dans nos cœurs.

Dieu a-t-il toujours été et sera-t-il toujours?
Oui, car il est éternel.

Pourquoi l'appelez-vous Créateur du ciel et de la terre?
Parce que c'est lui qui a créé ou fait de rien toute chose, et qui en est le maître absolu.

Pourquoi vous a-t-il créé?
Pour le connaître, l'aimer, le servir et acquérir la vie éternelle.

Représentation de Dieu dans l'islam

Al-ilah, mieux connu sous la forme contractée de *Allah*, est le Dieu des musulmans. Les musulmans ont tiré du Coran les quatre-vingt-dix-neuf plus beaux noms d'Allah. Il s'agit d'appellations tels «Celui qui voit, Celui qui guide, Celui qui

[4] DIOCÈSE DE QUÉBEC. *Le petit catéchisme du diocèse de Québec*, Montréal, Édimag inc., 2004, p. 18-20.

© Les éditions La Pensée inc.

donne». Il est le Créateur de l'Univers par la seule force de sa parole. On dit de lui qu'il est omniscient, c'est-à-dire tout-puissant et surtout unique ; il est donc le seul Dieu, ce qui est très important pour les musulmans.

Représentation de Dieu dans les traditions africaines

Malgré toute la diversité qu'on y trouve, il y a une grande unité dans les traditions africaines. Toute l'Afrique noire recourt à l'Être invisible. Qui est-il ? Il s'agit d'un être qui n'a ni début ni fin. Il est omniprésent (c'est-à-dire partout à la fois) et tout-puissant. Jamais on ne s'adresse directement à cet Être suprême. Il faut passer par des intermédiaires (les ancêtres). Les ancêtres sont les morts qui ont laissé au moins un «dépositaire», c'est-à-dire une personne pour se souvenir d'eux. On ne rend pas de culte à cet Être suprême, car sa grande puissance fait qu'il n'en a pas besoin.

Religions polythéistes

Représentation des dieux dans l'hindouisme

Il y a des millions de dieux dans l'hindouisme. Voici les trois divinités principales et quelques-unes de leurs caractéristiques :

Brahma, «issu de lui-même», «le Créateur»
Il a quatre visages et quatre bras. Il incarne l'énergie créatrice.
Ses montures sont le canard sauvage, le cygne et le flamant.

Vishnu, «le Bienheureux»

Il a quatre bras et repose sur le serpent sans fin (Ananta). Il a eu huit ou dix incarnations (c'est-à-dire qu'il est venu sur terre sous différentes formes, comme le poisson et le sanglier, et même en tant que nain).

Shiva, «Le Bienfaisant», «le maître du yoga»

Il a trois yeux et quatre bras. Sa monture est le taureau blanc.
Son énergie est telle qu'elle détruit tout ce qui lui fait obstacle.

Mélanie Dubois

Sculpture du dieu Vishnu, le sauveur (XIIe-XIIIe siècle) MBAM.

© Les éditions La Pensée inc.

Travail de recherche

Étape 1 Formation des équipes et choix du sujet

Formez des équipes (deux ou trois), sélectionnez un sujet et faites-le approuver. Chaque équipe doit avoir un sujet différent.

Étape 2 Recherche et rédaction

- Effectuez ensuite une recherche sur votre sujet. Vous devez vous référer à deux sources au moins.
- Rédigez un texte résumé des informations que vous présenterez sur votre affiche.
- Faites valider cette première étape par votre enseignante ou votre enseignant.

Informations:

- Nom du dieu ou de la déesse
- Religion
- Époque

S'il s'agit d'une religion actuelle, expliquez depuis quand cette croyance existe. S'il s'agit d'une religion ancienne, donnez les dates du début et de la fin de cette croyance.

- Ses caractéristiques
- Autres informations intéressantes
- Précisez vos sources

Étape 3 Préparation de l'affiche

La présentation est importante, car toutes les affiches seront exposées et examinées par vos collègues de classe.
Votre affiche doit être claire et attrayante.
Vous pouvez faire un dessin de votre dieu/déesse ou réaliser un collage de différentes photos le ou la représentant.
Vous pouvez aussi choisir de faire une bande dessinée sur son histoire ou une partie de celle-ci. N'oubliez pas d'inclure toutes les informations exigées.

*** **Important:** attention aux fautes d'orthographe.

Étape 4 Exposition et évaluation

Pendant l'exposition, vous serez appelés à évaluer le travail d'une autre équipe, ainsi qu'à faire une autoévaluation portant sur votre interaction avec les autres.

 © Les éditions La Pensée inc.

Évaluation de l'affiche

Noms des coéquipiers : ______________________________ Groupe : ________

____

Sujet de l'affiche : ______________________________

Grille d'évaluation	
Manifester une compréhension du phénomène religieux **Analyser des expressions du religieux.** • L'équipe a décrit et a mis en contexte sa divinité (nom du dieu, religion, époque). • L'équipe a expliqué la signification et la fonction de cette divinité (caractéristiques et autres informations intéressantes).	
Compétence transversale: exploiter l'information • L'équipe a organisé l'information d'une façon cohérente. • L'équipe a consulté au moins deux sources.	
Total :	

Échelle d'appréciation				
A Très satisfaisant	B Satisfaisant	C Passable	D Insatisfaisant	E Nettement insatisfaisant

© Les éditions La Pensée inc.

Autoévaluation du dialogue

Noms des coéquipiers : ______________________________ Groupe : _______

____

Sujet de l'affiche : ____

Grille d'évaluation	
Pratiquer le dialogue **Utilisation adéquate des éléments de contenu relatifs à l'interaction avec les autres.**	
• Chaque membre de l'équipe a été capable d'exprimer son point de vue concernant le travail. • Les autres membres de l'équipe étaient attentifs lorsqu'un équipier exprimait son point de vue. • Chaque membre de l'équipe a exprimé son point de vue à l'aide de moyens appropriés (la description, la comparaison, la justification…).	
Total :	
Nomme une chose qui va bien et une chose qui pose un problème dans l'interaction avec les autres. • ______________________________ ______________________________ • ______________________________ ______________________________	

Échelle d'appréciation				
A Très satisfaisant	B Satisfaisant	C Passable	D Insatisfaisant	E Nettement insatisfaisant

 © Les éditions La Pensée inc.

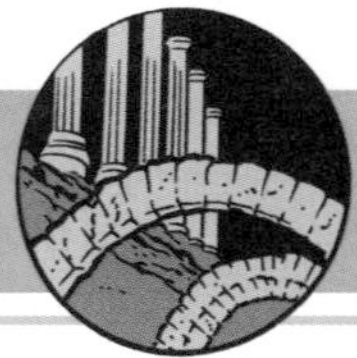

Noms des coéquipiers : ______________________________ Groupe : _______

____

Sujet de l'affiche : ______________________________

Fiche : Retour sur l'activité

Fais une synthèse de tes apprentissages (écris au moins trois choses que tu as apprises).

____

Quels liens peux-tu faire entre ces différentes divinités ?

____

© Les éditions La Pensée inc.

Suggestions de thèmes

Amérindien et inuit

Oiseaux tonnerre	Sedna	Siqiniq et Taqqiq	Trickster
Coyote	Yei	Wakan Tanka	

Inde

Durga	Ganesh	Krishna	Rama
Hanuman	Sarasvati	Yama	

Chine

Fuxi	Houang-Ti	Guanyin	Yu le Grand
Yi			

Égypte

Amon	Anubis	Apis	Hathor	Horus	Isis
Osiris	Ptah	Rê ou Râ	Seth	Thot	

Japon

Amaterasu	Izanagi	Izanami	Susano-Wo

Monde gréco-romain

Adonis	Diane	Jupiter (Zeus)	Pluton
Aphrodite (Vénus)	Dionysos (Bacchus)	Poséidon	Apollon
Artémis	Hadès	Athéna (Minerve)	Mars
Neptune	Ulysse	Icare	

Moyen-Orient

Baal	Shamash (Soleil)	Sin (Lune)	Ishtar
Anu			

 © Les éditions La Pensée inc.

La tolérance, ça concerne aussi les jeunes!

Julie Bolduc

Si tu penses comme moi, tu es mon frère. Si tu ne penses pas comme moi, tu es deux fois mon frère car tu m'ouvres un autre monde.
– Hampaté Bâ (auteur africain)

Le propre d'une société démocratique est d'accepter les différences, dans la mesure où cela respecte les droits d'autrui. Cependant, même si une différence est légalement permise ou acceptée, elle peut néanmoins entraîner un rejet dans la société. Le sarcasme, la mise à l'écart, les bousculades, les mots durs sont trop souvent le lot des personnes qui sont différentes de la majorité. Sans doute as-tu déjà été témoin de telles scènes à l'école. Ce *Dialogue* traitera justement de la tolérance dans les écoles. Dans un premier temps, tu liras un éditorial écrit par un jeune enseignant. Dans un deuxième temps, tu effectueras une réflexion écrite sur la question de la tolérance.

© Les éditions La Pensée inc.

Toi aussi tu es concerné ou concernée…

«S'il existait une pilule pour devenir hétérosexuel, c'est sûr que je la prendrais», m'ont souvent répété des homosexuels. Cela m'a toujours attristé, car c'est la preuve que, malgré des pas de géant dans l'acceptation des différentes orientations sexuelles, les gais et lesbiennes sont encore victimes de discrimination, de rejet et de plaisanteries douteuses, voire carrément méchantes. Et c'est ici, dans les murs des écoles secondaires, que se vivent le plus de tels drames. Savais-tu que les jeunes homosexuels se suicident davantage que les hétérosexuels ? Le harcèlement dont ils sont victimes n'est pas étranger à cette situation.

Les problèmes d'intolérance ne se jouent pas uniquement autour de la question de l'orientation sexuelle, mais aussi autour des croyances, de l'habillement, du genre, de la couleur de la peau et bien d'autres. Pourquoi consentons-nous trop souvent par notre silence à ces violences verbales ou physiques ? Pourquoi est-ce si difficile de s'accepter dans nos différences ?

J'avoue avoir été surpris et déçu lors de mes premiers pas en enseignement d'entendre tant de préjugés envers les personnes homosexuelles ainsi qu'envers les croyants ou les athées ou encore envers les Amérindiens et tellement d'autres. Mais aujourd'hui, je me dis que cela confirme l'importance du dialogue dans la reconnaissance de l'autre et dans la recherche du bien commun. Apprenons à nous connaître, ouvrons nos horizons, mettons de l'avant la dignité humaine pour ensuite pouvoir apprécier ce qui nous différencie et nous enrichit.

Ne serait-ce que pour cela, je crois que ma place est en enseignement, afin de pouvoir cheminer ensemble sur la difficile acceptation de l'autre.

Signé :
Un enseignant au secondaire

Nom: ____ Groupe: ________

Fiche: Réflexion sur l'éditorial «Toi aussi tu es concerné ou concernée...»

Tâche de l'élève: Réponds aux questions suivantes.

1. À la suite de la lecture de cet éditorial, qu'est-ce que la tolérance selon toi?

____

____

____

____

____

2. Fais ressortir les valeurs et normes de l'auteur.

____

____

____

____

____

3. Prends position par rapport au texte en spécifiant quels sont tes propres repères. Pour ce faire, écris une réponse à l'auteur en n'oubliant pas que le thème principal est celui de la tolérance.

____

____

____

____

____

____

4. «Si je diffère de toi, loin de te léser, je t'augmente» a écrit Antoine de Saint-Exupéry. Qu'en penses-tu et pourquoi?

____

____

____

____

____

____

© Les éditions La Pensée inc.

Évaluation	
Réfléchir sur des questions éthiques **Analyse détaillée d'une situation d'un point de vue éthique.** • Trouve des valeurs et des normes présentes dans des points de vue. • Détermine les principaux éléments du point de vue énoncé. **Examiner une diversité de repères d'ordre culturel, moral, religieux, scientifique ou social.** • Trouve les principaux repères présents dans la situation. • Explique le rôle et le sens de ces repères dans des points de vue particuliers. • Explique comment un repère présent dans la situation peut avoir un sens ou un rôle différent dans un autre contexte. • Sélectionne les repères les plus pertinents pour réfléchir à la question éthique. • Interroge la pertinence de certains repères. **Évaluer des options et des actions possibles.** • Trouve des critères permettant d'évaluer des options ou des actions en fonction du vivre-ensemble.	
Pratiquer le dialogue **Pertinence et quantité suffisante de traces écrites de l'organisation de sa pensée.** • Trouve et définit les éléments qui constituent l'objet du dialogue. • Fait référence à son environnement, à des connaissances ou à ses expériences personnelles pour mieux saisir l'objet du dialogue. • Sélectionne les éléments essentiels qui constituent un point de vue (arguments, sentiments, croyances, faits, etc.). • Évalue des éléments importants qui constituent un point de vue.	

Utilisation adéquate des éléments de contenu relatifs à l'interaction avec les autres. • Exprime des arguments dans une suite logique, sans contradiction les uns avec les autres et en lien avec le sujet traité (cohérence et pertinence). • Exprime son point de vue à l'aide de moyens appropriés (la description, la comparaison, la justification, etc.). **Présentation d'un point de vue élaboré à partir d'éléments pertinents, cohérents et en quantité suffisante.** • Explique comment son point de vue s'est modifié ou consolidé.	
TOTAL	

Échelle d'appréciation				
A Très satisfaisant	**B** Satisfaisant	**C** Passable	**D** Insatisfaisant	**E** Nettement insatisfaisant

© Les éditions La Pensée inc.

Nom: ______________________________ Groupe: ________

Fiche: Retour sur mes apprentissages

Tâche de l'élève: À la suite de ta lecture et de tes réflexions, écris comment ta conception de la tolérance a évolué.

D'où venons-nous? Le mystère de l'origine

D'où venons-nous? Cette question, mystérieuse et porteuse de sens, est omniprésente dans l'histoire de l'humanité. Les réponses sont multiples et varient dans le temps et selon les milieux. Néanmoins, une constante demeure, tant chez les croyants que chez les chercheurs scientifiques: le désir d'expliquer notre création trouve son origine dans l'espoir de comprendre pourquoi nous sommes sur terre et dans quel but.

Les religions et la science offrent chacune des récits de création. Lors de ce *Dialogue*, tu prendras connaissance de différentes théories sur l'origine du monde et de l'humanité. Nous nous attarderons principalement sur le big-bang (théorie scientifique) et la Genèse, récit d'origine reconnu par les juifs, les chrétiens et les musulmans. Tu seras invité ou invitée à les comparer et à y réfléchir selon différentes perspectives.

© Les éditions La Pensée inc.

Nom: ______________________________ Groupe: ________

Fiche: Le récit du big-bang

Tâche de l'élève: Fais une recherche afin de trouver des informations concernant le récit du big-bang.

16 à 5 milliards...

5 milliards à 450 millions...

450 à 20 millions...

 © Les éditions La Pensée inc.

20 à 2,5 millions...

2,5 à 1,8 million

250 000 ans

100 000 ans

© Les éditions La Pensée inc.

Fiche: Le récit de la création selon la Genèse (1,1–2,4)

Tâche de l'élève: Résume le récit de la Genèse dans le tableau ci-dessous en inscrivant les principaux événements de chaque journée de la création.

Premier jour:

Deuxième jour:

Troisième jour:

Quatrième jour:

 © Les éditions La Pensée inc.

Cinquième jour:

Sixième jour:

Septième jour:

Genèse (1,1 – 2,4) Bible de Jérusalem, 1974

1 1 Au commencement, Dieu créa le ciel et la
terre. 2 Or la terre était vide et vague, les
ténèbres couvraient l'abîme, et un vent de
Dieu tournoyait sur les eaux. 3 Dieu dit: «Que
la lumière soit» et la lumière fut. 4 Dieu vit que
la lumière était bonne, et Dieu sépara la
lumière et les ténèbres. 5 Dieu appela la
lumière «jour» et les ténèbres «nuit». Il y eut
un soir, il y eut un matin: premier jour. 6 Dieu
dit: «Qu'il y ait un firmament au milieu des
eaux et qu'il sépare les eaux d'avec les eaux.»
7 Dieu fit le firmament, qui sépara les eaux qui
sont sous le firmament d'avec les eaux qui
sont au-dessus du firmament, 8 et Dieu appela
le firmament «ciel». Il y eut un soir, il y eut un
matin: deuxième jour. 9 Dieu dit: «Que les

© Les éditions La Pensée inc.

eaux qui sont sous le ciel s'amassent en une
seule masse et qu'apparaisse le continent» et
il en fut ainsi. 10 Dieu appela le continent «
terre» et la masse des eaux «mers», et Dieu
vit que cela était bon. 11 Dieu dit: «Que la terre
verdisse de verdure: des herbes portant
semence et des arbres fruitiers donnant sur la
terre selon leur espèce des fruits contenant leur
semence» et il en fut ainsi. 12 La terre produisit
de la verdure: des herbes portant semence
selon leur espèce, des arbres donnant selon
leur semence, et Dieu vit que cela était bon. 13
Il y eut un soir, il y eut un matin: troisième
jour. 14 Et Dieu dit: «Qu'il y ait des luminaires
au firmament du ciel pour séparer le jour de la
nuit; qu'ils servent de signes, tant pour les
fêtes que pour les jours et les années; 15 qu'ils
soient des luminaires au firmament du ciel
pour éclairer la terre» et il en fut ainsi. 16 Dieu
fit les deux luminaires majeurs: le plus grand
luminaire comme puissance du jour et le plus
petit luminaire comme puissance de la nuit, et
les étoiles. 17 Dieu les plaça au firmament du
ciel pour éclairer la terre, 18 pour commander
au jour et à la nuit, pour séparer la lumière des
ténèbres, et Dieu vit que cela était bon. 19 Il y
eut un soir et il y eut un matin: quatrième jour.
20 Dieu dit: «Que les eaux grouillent d'un
grouillement d'êtres vivants et que des oiseaux
volent au-dessus de la terre contre le
firmament du ciel» et il en fut ainsi. 21 Dieu
créa les grands serpents de mer et tous les êtres
vivants qui glissent et qui grouillent dans les
eaux selon leur espèce, et toute la gent ailée
selon son espèce, et Dieu vit que cela était bon.
22 Dieu les bénit et dit: «Soyez féconds,
multipliez-vous, emplissez l'eau des mers, et
que les oiseaux se multiplient sur la terre.» 23
Il y eut un soir, il y eut un matin: cinquième
jour. 24 Et Dieu dit: «Que la terre produise des
êtres vivants selon leur espèce: bestiaux,
bestioles, bêtes sauvages selon leur espèce» et
il en fut ainsi. 25 Dieu fit les bêtes sauvages
selon leur espèce, les bestiaux selon leur
espèce et toutes les bestioles du sol selon leur
espèce, et Dieu vit que cela était bon. 26 Dieu
dit: «Faisons l'homme à notre image, comme
notre ressemblance, et qu'il domine sur les
poissons de la mer, les oiseaux du ciel, les
bestiaux, toutes les bêtes sauvages et toutes les
bestioles qui rampent sur la terre.» 27 Dieu
créa l'homme à son image, à l'image de Dieu
il le créa, homme et femme il les créa. 28 Dieu
les bénit et leur dit: «Soyez féconds,
multipliez-vous, emplissez la terre et
soumettez-la; dominez sur les poissons de la
mer, les oiseaux du ciel, et sur tous les
animaux qui rampent sur la terre.» 29 Dieu dit
encore: «Je vous donne toutes les herbes
portant semence, qui sont sur toute la surface
de la terre, et tous les arbres qui ont des fruits
portant semence: ce sera votre nourriture. 30
À toutes les bêtes sauvages, à tous les oiseaux
du ciel, à tout ce qui rampe sur la terre et qui
est animé de vie, je donne pour nourriture la
verdure des plantes» et ce fut ainsi. 31 Dieu vit
tout ce qu'il avait fait: cela était très bon. Il y
eut un soir, il y eut un matin: sixième jour. 2 1
Ainsi furent achevés le ciel et la terre, avec
toute leur armée. 2 Dieu conclut au septième
jour l'ouvrage qu'il avait fait et, au septième
jour, il chôma, après tout l'ouvrage qu'il avait
fait. 3 Dieu bénit le septième jour et le
sanctifia, car il avait chômé après tout son
ouvrage de création. 4 Telle fut l'histoire du
ciel et de la terre, quand ils furent créés.

 © Les éditions La Pensée inc.

Nom: ______________________________ Groupe: ________

Fiche: La comparaison des récits d'origine 1

Tâche de l'élève: Compare les deux récits à l'aide des questions suivantes.

	Big-bang	Genèse
Qui, ou qu'est-ce qui, est à l'origine de l'Univers?		
Combien de temps a pris la création du monde tel que nous le connaissons?		

L'être humain

Comment l'humain a-t-il été créé?		
L'être humain a-t-il une mission? Si oui, laquelle?		
Quelle place occupe l'être humain dans le monde?		

© Les éditions La Pensée inc.

Nom: ______________________________ Groupe: ________

Fiche: Origine et sens de l'existence

Tâche de l'élève: Réponds à la question suivante et partage ta réponse avec tes coéquipiers.

Croire en l'une ou l'autre des théories sur l'origine de l'humanité (big-bang/Genèse) apporte-t-il des réponses différentes au sens de l'existence ? Élabore ta réponse.

 © Les éditions La Pensée inc.

AUTOÉVALUATION DE LA DISCUSSION[5]

Attribue à l'un de tes coéquipiers et à toi-même la cote que tu juges appropriée pour chaque énoncé.

Nom de mon coéquipier: ______________________________

Utilise l'échelle suivante:

A	exceptionnel	**B**	bon
C	acceptable	**D**	moyen
E	faible	*	aucune contribution

	Autoévaluation	Évaluation du coéquipier
Nous avons participé à la discussion.		
Nous avons donné notre opinion de manière respectueuse.		
Nous avons justifié notre opinion à l'aide d'arguments solides.		
Nous avons laissé les autres exprimer leurs idées (nous n'avons pas dominé ou intimidé les autres).		
Pendant la discussion en groupe, nous avons eu une attitude positive, attentive et respectueuse envers les autres équipes et leurs opinions.		
Y a-t-il eu des éléments qui ont nui au dialogue? Nommes-en deux: • ______________________ • ______________________		

[5] Grille inspirée de Josée Desmeules, conseillère pédagogique à l'école La Dauversière.

© Les éditions La Pensée inc.

Récit d'origine iroquois[6]

La femme tombée du ciel

Voici comment les Iroquois racontent l'origine de la Terre et leur propre origine (selon ce que rapporte le révérend Lafiteau).

« Au commencement, il y avait six hommes. D'où étaient venus ces hommes ? C'est ce qu'ils ne savaient pas ; ils erraient au gré du vent. Ils n'avaient pas non plus de femmes et ils sentaient bien que leur race allait périr avec eux. Enfin ils apprirent, je ne sais où, qu'il y en avait une dans le ciel. Ayant tenu conseil ensemble, il fut résolu que l'un d'eux nommé Nagouabo, ou « le Loup », s'y transporterait. L'entreprise paraissait impossible, mais les Oiseaux du ciel, de concert, l'y élevèrent en lui faisant un siège de leur corps et en se soutenant les uns les autres. Lorsqu'il fut arrivé, il attendit au pied d'un arbre que cette femme sorte à son ordinaire pour aller puiser de l'eau à une fontaine voisine du lieu où il s'était arrêté. La femme ne manqua pas de venir selon la coutume. L'homme qui l'attendait lia la conversation avec elle et il lui fit présent de graisse d'Ours, dont il lui donna à manger. Femme curieuse, qui aime à causer et qui reçoit des présents, ne dispute pas longtemps la victoire. Celle-ci était faible dans le ciel même. Elle se laissa séduire. Le Maître du ciel s'en aperçut et, dans la colère, la chassa et la précipita. Mais dans sa chute, la Tortue la reçut sur son dos, sur lequel la Loutre et les Poissons, puisant de l'argile au fond des eaux, formèrent une petite île, qui s'accrut peu à peu et s'étendit dans la forme où nous voyons la terre aujourd'hui. Cette femme eut deux Enfants qui se battirent ensemble ; ils avaient des armes inégales, dont ils ne connaissaient pas la force. Celles de l'un étaient offensives et celles de l'autre n'étaient point capables de nuire, de sorte que celui-ci fut tué sans peine.

« De cette femme sont descendus tous les autres hommes par une longue suite de générations, et c'est cet événement singulier qui a servi de fondement à la distinction des trois Familles iroquoises et huronnes (celles du Loup, de l'Ours et de la Tortue), lesquelles, dans leurs noms, sont comme une tradition vivante qui leur remet devant les yeux les premiers temps de leur histoire. »

[6] DANSEREAU, Jean, et Jean GADBOIS. *Le phénomène religieux*, Montréal, Les éditions La Pensée inc. 2002, p. 50.

 © Les éditions La Pensée inc.

Genèse (3, 1–4, 16) Traduction œcuménique de la Bible version électronique

Le serpent était le plus rusé de tous les animaux des champs, que l'Éternel Dieu avait faits. Il dit à la femme: Dieu a-t-il réellement dit: Vous ne mangerez pas de tous les arbres du jardin? La femme répondit au serpent: Nous mangeons du fruit des arbres du jardin. Mais quant au fruit de l'arbre qui est au milieu du jardin, Dieu a dit: Vous n'en mangerez point et vous n'y toucherez point, de peur que vous ne mouriez. Alors le serpent dit à la femme: Vous ne mourrez point; mais Dieu sait que, le jour où vous en mangerez, vos yeux s'ouvriront, et que vous serez comme des dieux, connaissant le bien et le mal. La femme vit que l'arbre était bon à manger et agréable à la vue, et qu'il était précieux pour ouvrir l'intelligence; elle prit de son fruit, et en mangea; elle en donna aussi à son mari, qui était auprès d'elle, et il en mangea. Les yeux de l'un et de l'autre s'ouvrirent, ils connurent qu'ils étaient nus, et ayant cousu des feuilles de figuier, ils s'en firent des ceintures. Alors ils entendirent la voix de l'Éternel Dieu, qui parcourait le jardin vers le soir, et l'homme et sa femme se cachèrent loin de la face de l'Éternel Dieu, au milieu des arbres du jardin. Mais l'Éternel Dieu appela l'homme, et lui dit: Où es-tu? Il répondit: J'ai entendu ta voix dans le jardin, et j'ai eu peur, parce que je suis nu, et je me suis caché. Et l'Éternel Dieu dit: Qui t'a appris que tu es nu? Est-ce que tu as mangé de l'arbre dont je t'avais défendu de manger? L'homme répondit: La femme que tu as mise auprès de moi m'a donné de l'arbre, et j'en ai mangé. Et l'Éternel Dieu dit à la femme: Pourquoi as-tu fait cela? La femme répondit: Le serpent m'a séduite, et j'en ai mangé. L'Éternel Dieu dit au serpent: Puisque tu as fait cela, tu seras maudit entre tout le bétail et entre tous les animaux des champs, tu marcheras sur ton ventre, et tu mangeras de la poussière tous les jours de ta vie. Je mettrai inimitié entre toi et la femme, entre ta postérité et sa postérité: celle-ci t'écrasera la tête, et tu lui blesseras le talon. Il dit à la femme: J'augmenterai la souffrance de tes grossesses, tu enfanteras avec douleur, et tes désirs se porteront vers ton mari, mais il dominera sur toi. Il dit à l'homme: Puisque tu as écouté la voix de ta femme, et que tu as mangé de l'arbre au sujet duquel je t'avais donné cet ordre: Tu n'en mangeras point! le sol sera maudit à cause de toi. C'est à force de peine que tu en tireras ta nourriture tous les jours de ta vie, il te produira des épines et des ronces, et tu mangeras de l'herbe des champs. C'est à la sueur de ton visage que tu mangeras du pain, jusqu'à ce que tu retournes dans la terre, d'où tu as été pris; car tu es poussière, et tu retourneras dans la poussière. Adam donna à sa femme le nom d'Ève: car elle a été la mère de tous les vivants. L'Éternel Dieu fit à Adam et à sa femme des habits de peau, et il les en revêtit. L'Éternel Dieu dit: Voici, l'homme est devenu comme l'un de nous, pour la connaissance du bien et du mal. Empêchons-le maintenant d'avancer sa main, de prendre de l'arbre de vie, d'en manger, et de vivre éternellement. Et l'Éternel Dieu le chassa du jardin d'Éden, pour qu'il cultivât la terre, d'où il avait été pris. C'est ainsi qu'il chassa Adam; et il mit à l'orient du jardin d'Éden les chérubins qui agitent une épée flamboyante, pour garder le chemin de l'arbre de vie. Adam connut Ève, sa femme; elle conçut, et enfanta Caïn et elle dit: J'ai formé un homme avec l'aide de l'Éternel. Elle enfanta encore son frère Abel. Abel fut berger, et Caïn fut laboureur. Au bout de

© Les éditions La Pensée inc.

quelque temps, Caïn fit à l'Éternel une offrande des fruits de la terre; et Abel, de son côté, en fit une des premiers-nés de son troupeau et de leur graisse. L'Éternel porta un regard favorable sur Abel et sur son offrande; mais il ne porta pas un regard favorable sur Caïn et sur son offrande. Caïn fut très irrité, et son visage fut abattu. Et l'Éternel dit à Caïn: Pourquoi

es-tu irrité, et pourquoi ton visage est-il abattu? Certainement, si tu agis bien, tu relèveras ton visage, et si tu agis mal, le péché se couche à la porte, et ses désirs se portent vers toi: mais toi, domine sur lui. Cependant, Caïn adressa la parole à son frère Abel; mais, comme ils étaient dans les champs, Caïn se jeta sur son frère Abel, et le tua. L'Éternel dit à Caïn: Où est ton frère Abel? Il répondit: Je ne sais pas; suis-je le gardien de mon frère? Et Dieu dit: Qu'as-tu fait? La voix du sang de ton frère crie de la terre jusqu'à moi. Maintenant, tu seras maudit de la terre qui a ouvert sa bouche pour recevoir de ta main le sang de ton frère. Quand tu cultiveras le sol, il ne te donnera plus sa richesse. Tu seras errant et vagabond sur la terre. Caïn dit à l'Éternel: Mon châtiment est trop grand pour être supporté. Voici, tu me chasses aujourd'hui de cette terre; je serai caché loin de ta face, je serai errant et vagabond sur la terre, et quiconque me trouvera me tuera. L'Éternel lui dit: Si quelqu'un tuait Caïn, Caïn serait vengé sept fois. Et l'Éternel mit un signe sur Caïn pour que quiconque le trouverait ne le tuât point. Puis, Caïn s'éloigna de la face de l'Éternel, et habita dans la terre de Nod, à l'orient d'Éden.

 © Les éditions La Pensée inc.

Nom: ______________________________ Groupe: ________

Fiche: La comparaison des récits d'origine 2

	La femme tombée du ciel	Genèse
Trouve les similitudes entre ces deux récits.		
À quelles questions existentielles ces récits répondent-ils?		

© Les éditions La Pensée inc.

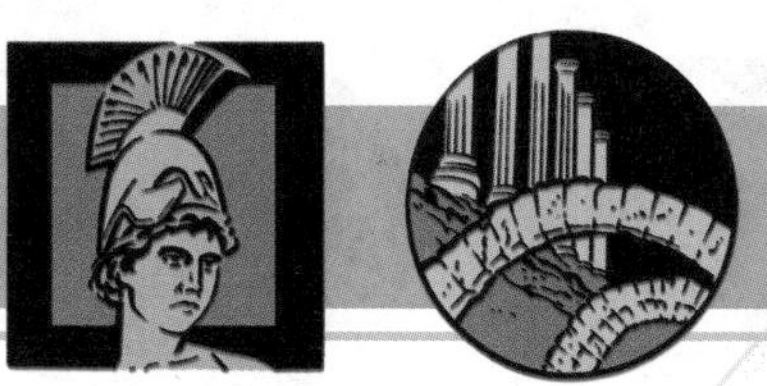

Nom : ______________________ Groupe : ________

Fiche: Réflexion sur les récits d'origine

Tâche de l'élève: Réponds aux questions suivantes.

À partir de ce que tu as appris des récits d'origine (Genèse, big-bang, La femme tombée du ciel), explique leurs fonctions et leurs significations.

 © Les éditions La Pensée inc.

Évaluation de la réflexion	
Manifester une compréhension du phénomène religieux **Analyse détaillée d'une expression du religieux.** • Explique ce que représente, signifie ou symbolise une expression du religieux (signification). • Explique le rôle d'une expression du religieux (fonction). **Explication des liens entre des expressions du religieux et des éléments de l'environnement social et culturel.** • Explique ce qu'ont en commun ou ce qui distingue une expression religieuse et un élément de l'environnement social et culturel (origine, influence, réponses apportées à une question, etc.).	
TOTAL	

Échelle d'appréciation				
A Très satisfaisant	B Satisfaisant	C Passable	D Insatisfaisant	E Nettement insatisfaisant

© Les éditions La Pensée inc.

Nom: ____________________ Groupe: ________

Fiche: Intégration

Tâche de l'élève: Fais une synthèse de tes apprentissages.

 © Les éditions La Pensée inc.

Quel avenir pour l'humanité?

Il y a plusieurs façons d'entrevoir l'avenir de l'humanité. Certaines personnes sont positives et croient que l'être humain trouvera toujours des solutions lui permettant d'assurer sa survie. Au contraire, d'autres assurent que l'humanité coure à sa perte et cela par sa propre faute. Voici un exemple de réflexion visionnaire concernant l'avenir de l'humanité. Il s'agit de la chanson *Plus rien* des Cowboys Fringants. Après l'écoute de cette chanson, tu seras amené ou amenée à réfléchir à nos responsabilités face à l'avenir de l'humanité.

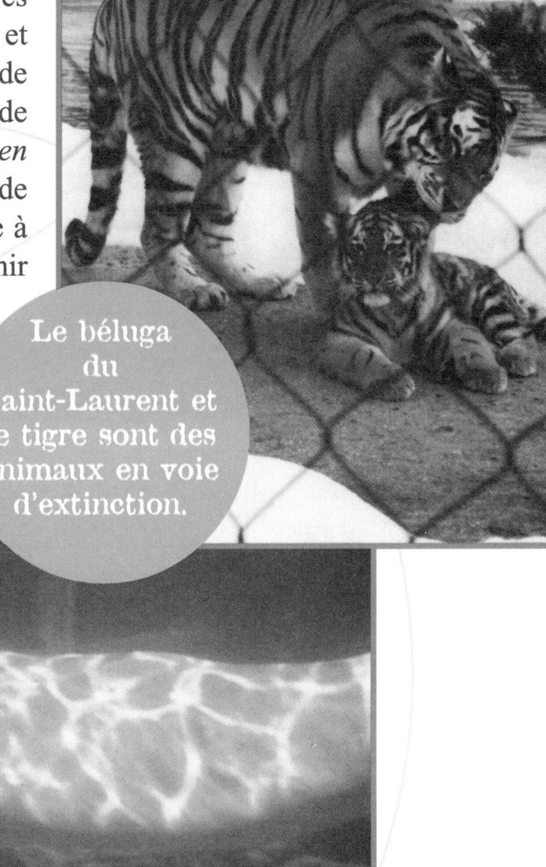

Chantal Bertrand

Le béluga du Saint-Laurent et le tigre sont des animaux en voie d'extinction.

Mélanie Dubois

© Les éditions La Pensée inc.

Nom: ______________________________ Groupe: ________

Fiche: Chanson des Cowboys Fringants

Tâche de l'élève: Lis d'abord les questions. Écoute ensuite la chanson proposée par ton enseignante ou ton enseignant, puis réponds aux questions.

1. Quel sentiment as-tu ressenti en écoutant cette chanson? Pourquoi?

____

____

____

____

2. Décris la situation exposée dans cette chanson.

____

____

____

____

3. Détermine les valeurs qui mènent à cette situation (la fin de l'humanité), ainsi que les personnes qui les portent.

____

____

____

____

4. Nomme les personnes qui voudraient éviter ce scénario, ainsi que les valeurs de celles-ci.

____

____

____

____

5. Explique le conflit de valeurs qui résulte de ces deux groupes de personnes (celles qui veulent éviter ce scénario et celles qui mènent à cette situation).

____

____

____

____

 © Les éditions La Pensée inc.

6. Formule au moins deux questions éthiques en lien avec cette réflexion visionnaire concernant l'avenir de l'humanité.

7. Crois-tu que cette chanson est réaliste ? Pourquoi ?

8. Crois-tu que d'autres actions humaines, outre la pollution, pourraient entraîner la fin de l'humanité ? Élabore ta réponse.

9. À qui aimerais-tu faire écouter cette chanson ? Pourquoi ?

10. Quelles actions pourrait-on faire afin d'éviter ce scénario au niveau individuel, industriel et gouvernemental (au moins quatre propositions en tout) ? Justifie tes choix.

© Les éditions La Pensée inc.

Évaluation des questions

Réfléchir sur des questions éthiques

Analyse détaillée d'une situation d'un point de vue éthique.

- Décrit et met en contexte une situation (où, quand, pourquoi, qui, etc.).
- Trouve des valeurs et des normes présentes dans des points de vue.
- Formule des questions éthiques.
- Détermine les principaux éléments des points de vue énoncés.
- Explique des tensions ou des conflits de valeurs.
- Associe la situation première à d'autres situations pouvant être comparées à elle.

Examiner une diversité de repères d'ordre culturel, moral, religieux, scientifique ou social.

- Trouve les principaux repères présents dans la situation.
- Sélectionne les repères les plus pertinents pour réfléchir à la question éthique.
- Interroge la pertinence de certains repères.

Évaluer des options et des actions possibles.

- Trouve plusieurs options ou actions possibles.
- Justifie le choix des options ou des actions possibles.

Pratiquer le dialogue

Pertinence et quantité suffisante de traces écrites de l'organisation de sa pensée.

- Trouve et définit les éléments qui constituent l'objet du dialogue.
- Fait référence à son environnement, à des connaissances ou à ses expériences personnelles pour mieux saisir l'objet du dialogue.
- Fait des liens entre la situation présentée et d'autres situations.
- Sélectionne les éléments essentiels qui constituent un point de vue (arguments, sentiments, croyances, faits, etc.).
- Évalue des éléments importants qui constituent un point de vue.

Utilisation adéquate des éléments de contenu relatifs à l'interaction avec les autres.

- Exprime son point de vue à l'écrit.

 © Les éditions La Pensée inc.

• Exprime des arguments dans une suite logique, sans contradiction les uns avec les autres et en lien avec le sujet traité (cohérence et pertinence). • Exprime son point de vue à l'aide de moyens appropriés (la description, la comparaison, la justification, etc.). • Sélectionne les points de vue essentiels à interroger. **Présentation d'un point de vue élaboré à partir d'éléments pertinents, cohérents et en quantité suffisante.** • Utilise les moyens appropriés pour élaborer un point de vue. • Détermine ce qui doit être approfondi ou clarifié dans les points de vue.	
TOTAL	

Échelle d'appréciation				
A Très satisfaisant	B Satisfaisant	C Passable	D Insatisfaisant	E Nettement insatisfaisant

© Les éditions La Pensée inc.

Nom : ______________________________ Groupe : ________

Fiche: Retour sur l'activité

Tâche de l'élève: Réponds aux questions suivantes.

Est-ce que l'environnement est un sujet qui t'interpelle, t'intéresse et pourquoi ?
Y a-t-il des gestes que tu accomplis dans ton quotidien en lien avec cette valeur ?

 © Les éditions La Pensée inc.

Entre les deux, ma tête balance

© Les éditions La Pensée inc.

Dans les contes qui berçaient notre enfance, il y avait les bons et les méchants. Néanmoins, en vieillissant on réalise que la réalité est plus nuancée. Tout n'est pas noir ou blanc, il y a des zones de gris. Par exemple, les Canadiennes et les Canadiens considèrent l'environnement comme étant une valeur prioritaire tout en étant parmi les plus grands pollueurs par habitant à l'échelle mondiale (consommation d'eau, gaz à effet de serre, etc.). Certaines personnes prônent des valeurs de justice sociale tout en consommant des produits fabriqués par des enfants dans des conditions misérables. Frauder une grande compagnie qui exploite ses employés peut sembler acceptable aux yeux de certains.

Il arrive parfois que nous soyons confrontés à notre propre ambiguïté. Dans certaines situations, nos valeurs peuvent s'opposer à notre désir immédiat. On peut alors estimer qu'il est juste de faire une entorse à nos principes. Par exemple, même si l'honnêteté est l'une de tes valeurs prioritaires, tu pourrais exceptionnellement décider de plagier sur la copie de ton voisin, afin de ne pas échouer à un examen final. Dans d'autres situations, il peut arriver que le bien et le mal ne se distinguent pas facilement. C'est alors que nous entrons en dialogue avec notre conscience morale, notre petite voix intérieure que Mafalda appelait avec humour «le locataire». Il arrive qu'il n'y ait tout simplement pas de solution idéale. On pèse le pour et le contre pour finalement se résoudre à choisir ce que nous appelons le «moindre mal».

Nous allons maintenant discuter et débattre sur deux cas de conscience. Le premier est un cas de conscience individuel et le deuxième est une grande question d'intérêt social.

Nom: ______________________________ Groupe: ________

Fiche: Obéir ou nourrir?

Tâche de l'élève: En équipe de quatre, lisez la mise en situation suivante et délibérez (faits, normes, valeurs, conséquences...) afin d'en arriver à un consensus sur la question suivante: Crois-tu que l'action de Chantal, soit de désobéir à son employeur, est moralement justifiable? Pourquoi?

Chantal travaille dans une chaîne de restauration qui vend des beignes et du café. Tous les soirs, elle doit jeter des quantités importantes de beignes invendus et vider les cafetières à toutes les 30 minutes, afin de toujours offrir du café frais. Le restaurant est situé en plein cœur du centre-ville où l'on retrouve de nombreux itinérants. Certains jours de grand froid, ces derniers demandent à Chantal s'ils peuvent avoir des beignes qu'elle s'apprête à jeter, ainsi que du café pour les réchauffer. En dépit du fait que son employeur lui interdise de le faire, Chantal accepte de nourrir les sans-abri, car elle juge immoral de jeter de la nourriture encore propre à la consommation, alors qu'il y a des gens dans le besoin.

© Les éditions La Pensée inc.

Nom: ________________________________ Groupe: __________

Fiche: Le meurtre par compassion: un débat qui déchire l'opinion publique

Tâche de l'élève: Lis la question suivante et participe au débat selon les modalités de l'enseignant ou de l'enseignante.

Le meurtre par compassion est-il moralement acceptable?
Réflexion avant le débat:

Après le débat, ton opinion a-t-elle changé, a-t-elle été nuancée ou est-elle restée la même? Explique ta réponse.

 © Les éditions La Pensée inc.

AUTOÉVALUATION DU DÉBAT[7]

Attribue-toi la cote que tu juges appropriée pour chaque énoncé.

Nom : ______________________________

Utilise l'échelle suivante :

A	exceptionnel	B	bon
C	acceptable	D	moyen
E	faible	*	aucune contribution

	Autoévaluation
J'ai participé au débat.	
J'ai donné mon opinion de manière respectueuse.	
J'ai justifié mon opinion à l'aide d'arguments solides. Écris un argument ainsi que sa justification.	
J'ai préparé des réponses à des objections possibles. Donne un exemple.	
J'ai laissé les autres exprimer leurs idées (je n'ai pas dominé ou intimidé les autres).	
Pendant le débat, j'ai eu une attitude positive, attentive et respectueuse envers les membres de l'autre équipe et leurs opinions.	

Y a-t-il eu des éléments qui ont nui au dialogue ? Nommes-en deux :

- ______________________________
- ______________________________

[7] Grille inspirée de Josée Desmeules, conseillère pédagogique à l'école La Dauversière.

© Les éditions La Pensée inc.

Nom: ____ Groupe: ________

Fiche: Activité intégratrice

Tâche de l'élève: Réponds individuellement à la question suivante.

Qu'est-ce que ces deux exercices nous apprennent sur l'ambivalence de l'être humain? Explique par exemple pourquoi ce n'est pas toujours facile de prendre une décision dans certaines circonstances.

 © Les éditions La Pensée inc.

L'être humain, un paradoxe sur deux pattes!

Homo homini lupus (*L'homme est un loup pour l'homme*)

Lorsqu'un acte cruel est commis, nous disons qu'il est inhumain. Paradoxalement, il n'est pas rare non plus d'entendre dire que « l'homme est un loup pour l'homme». En effet, on peut dire que l'humain est un être ambivalent, capable du meilleur comme du pire. Nous retrouvons ces expressions de l'ambivalence dans divers phénomènes humains tels: la vérité et le mensonge, la raison et la passion, le bien et le mal. Nous verrons dans ce *Dialogue* le terrorisme et la non-violence, deux manières radicalement opposées de revendiquer quelque chose et qui sont représentatives de l'ambivalence de l'être humain.

Pour traiter du terrorisme, nous aborderons les violences liées à l'islamisme, l'attentat d'Oklahoma City et, plus près de chez nous, le cas du FLQ (Front de Libération du Québec). À l'opposé, nous verrons la lutte de Martin Luther King pour mieux comprendre le mouvement de la non-violence.

Mais l'ambivalence de l'être humain ne se retrouve pas uniquement dans des situations d'exception. À l'échelle individuelle aussi on retrouve des ambiguïtés de l'agir humain. Nous terminerons donc ce *Dialogue* avec une réflexion sur nos propres paradoxes.

© Les éditions La Pensée inc.

Mots de compréhension

Afin d'aborder un nouveau domaine, il est essentiel de maîtriser certains termes qui y sont attachés. Trouve les définitions des termes suivants et explique-les dans tes propres mots.

- Terrorisme : ____
____
____
- Intégrisme : ____
____
____
- Fondamentalisme : ____
____
____
- Djihad : ____
____
____
- Oumma : ____
____
____
- Ségrégation : ____
____
____
- Boycott : ____
____
____
- Théologie : ____
____
____

Vrai ou faux

Tâche de l'élève: Réponds par «vrai», «faux» ou «peut-être». Tu dois aussi justifier ta réponse.

1. Le terrorisme est un phénomène nouveau dans l'histoire de l'humanité.

____

____

____

2. Le terrorisme est toujours lié à la religion.

____

____

____

3. Le terrorisme est un phénomène propre à l'islam.

____

____

____

4. Les terroristes sont souvent des jeunes possédant une formation en théologie.

____

____

____

Fanatique: Héros qui, pour le triomphe de ses préjugés, est prêt à faire le sacrifice de votre vie.
— Albert Brie, *Le Devoir*)

Le terrorisme

Le terrorisme se traduit par des actes de violence (attentats, enlèvements, assassinats…) commis à l'égard de la population civile dans le but de susciter des changements au niveau politique (affaiblir ou renverser le gouvernement, lutter contre des politiques, etc.). Il s'agit d'un moyen de revendication qui utilise la peur et la violence pour faire passer un message jugé incompris et vise à créer une terreur auprès de la population.

Le terrorisme n'est pas un phénomène récent. Au contraire, il existe depuis longtemps et il n'est pas nécessairement relié à la religion.

Nous allons maintenant voir trois exemples différents de terrorisme d'ici et d'ailleurs.

© Les éditions La Pensée inc.

Front de Libération du Québec

Le FLQ était un groupe terroriste de 1960 à 1970 qui revendiquait l'indépendance du Québec, ainsi qu'une plus grande justice sociale. De plus, le FLQ dénonçait la situation sociale dans laquelle se trouvaient un grand nombre de Canadiens français comme : les mauvaises conditions de travail des ouvriers, le déséquilibre entre les anglophones et les francophones, la hausse du taux de chômage, etc. Dans les années 1960, le FLQ a commis plus de 200 actes violents dont des attentats à la bombe, des meurtres, des vols, etc. Le FLQ visait principalement des compagnies anglophones, l'Université McGill, des cibles du gouvernement fédéral (boîtes aux lettres, librairies), la Bourse de Montréal, des maisons d'anglophones dans le quartier Westmount. En octobre 1970, la cellule « Libération » kidnappa James Richard Cross, diplomate britannique, et quelques jours plus tard la cellule de « Financement Chénier » kidnappa le ministre du Travail Pierre Laporte. À la suite de ces deux enlèvements, le gouvernement fédéral décréta la Loi sur les mesures de guerre. Cette loi suspend toutes les libertés et permet de nombreuses arrestations (plus de 450) sans mandat et sans accusation formelle. Devant le refus de négocier des deux gouvernements (fédéral et provincial) ainsi que le décret sur les mesures de guerre, les membres de la cellule « Financement Chénier » assassinèrent [8] le ministre du Travail. Pierre Laporte ne fut pas la seule victime de ce groupe terroriste. Leurs nombreuses actions blessèrent plusieurs personnes et d'autres furent tuées. Depuis la crise d'Octobre, le FLQ a cessé ses activités terroristes.

Un ennemi de l'intérieur, le cas d'Oklahoma City

Le 19 avril 1995, 168 personnes meurent et 800 sont blessées dans un attentat perpétré contre un édifice gouvernemental d'Oklahoma City. Parmi les victimes se trouvent des enfants fréquentant une garderie située dans l'immeuble. Alors que les rumeurs incriminaient des ennemis de l'extérieur, notamment des organisations islamistes, c'est avec stupeur que les États-Uniens ont appris que l'auteur de ce crime était un dénommé Timothy McVeigh assisté d'un complice du nom de Terry Nichols. McVeigh, un « pur produit de la classe moyenne états-unienne », avait même été décoré à la suite de sa participation à la guerre du Golfe. Associé à des groupes d'extrême droite et passionné par les armes à feu, il dénonçait le déclin de l'Amérique. Il a été exécuté six ans après alors qu'il se disait toujours sans remords.

Toujours d'actualité, le terrorisme islamiste

Sans doute as-tu entendu parler du terrorisme islamiste. Mais que connais-tu vraiment de ce phénomène ? Cette section abordera ce dossier très complexe et t'aidera à y voir un peu plus clair.

L'islamisme est un mouvement militant, intégriste, antidémocratique, qui refuse de séparer la religion de l'État. Le terrorisme islamiste, plus particulièrement celui de Ben Laden et de

[8] Il y a une polémique autour de cet événement. Certains affirment qu'il s'agissait d'un accident.

 © Les éditions La Pensée inc.

certains courants du wahhabisme[9], pour objectif de former un «gouvernement international de l'islam» fondé sur des valeurs intégristes. En fait, il s'agit d'un mouvement qui s'oppose à la modernité incarnée par l'Occident, veut détruire le mode de vie américain jugé décadent et restaurer le califat[10]. Les islamistes font une lecture littérale du Coran et de la charia et justifie leurs actions violentes par les «attaques» que subissent les musulmans à travers le monde. Selon les islamistes, lorsque les États-Uniens attaquent les talibans ou que les Israéliens prennent des terres en Palestine, c'est l'Oumma que l'on attaque. Donc, les islamistes répondent à cette agression par des actions terroristes. La même violence est utilisée pour légitimer les attaques contre les États musulmans ou les musulmans qui ne respectent pas les préceptes de l'islam, selon l'idée que s'en font ces fondamentalistes. Selon eux, il s'agit d'une guerre sainte qui a pour objectif de purifier le monde en éliminant les impurs et les infidèles (les musulmans qui ne respectent pas leur religion, du moins selon leur conception de celle-ci).

Le but des leaders terroristes est de semer la terreur en s'attaquant à des civils innocents qui n'ont rien à voir avec les conflits tels ceux entre l'Irak et les États-Unis ou entre Israël et la Palestine. De plus, ces nombreux attentats nuisent davantage aux accords de paix et n'améliorent nullement la vie des gens qui subissent ces conflits, c'est-à-dire les civils. Enfin, par ces actions destructrices, le terrorisme vise à ébranler le sentiment de sécurité des individus, puisque n'importe qui peut en être victime.

Les islamistes déforment la notion de «martyrs» pour inciter des musulmans à donner leur vie dans des attentats terroristes. Selon la tradition, un martyr est un musulman qui meurt au combat pour sa religion, au nom de Dieu. Celui-ci est alors exalté et va directement au paradis. Cependant, le suicide est fortement condamné dans l'islam, et même interdit. De plus, les attentats terroristes se font dans des endroits publics et touchent des civils innocents et non des ennemis au combat. C'est pour toutes ces raisons que la grande majorité des musulmans rejettent et condamnent les attentats terroristes et toute forme de violence faite envers les civils. Par ailleurs, il est écrit dans le Coran: «Ne tuez personne injustement; Dieu vous l'a interdit» (Sourate VI, 151).

De plus, la notion de djihad est souvent évoquée pour justifier des actions terroristes. Pourtant, le petit djihad est une guerre défensive et non offensive (on ne doit jamais attaquer, mais seulement se défendre) et le grand djihad est le combat contre ses propres pulsions.

Enfin, le 11 septembre 2001 ont eu lieu les attentats du World Trade Center qui ont fait près de 3000 victimes. Le terrorisme est alors devenu une réalité concrète pour l'Amérique du Nord, qui se croyait jusqu'alors à l'abri. Cette tragédie a servi de point de départ à deux guerres menées par les États-Unis: une contre l'Afghanistan et une contre l'Irak. Ces guerres n'ont pas mené à l'élimination du terrorisme.

---

[9] Le wahhabisme est une doctrine religieuse fondamentaliste. Elle a été fondée par Muhammad ibn 'Abd al-Wahhab (1703-1792) qui prônait le retour à la pureté de l'islam primitif. Cette doctrine interdit entre autres d'écouter de la musique, de faire du théâtre ou de la poésie et aussi tout ce qui n'a pas été mentionné par le Prophète. Actuellement, cette doctrine politico-religieuse est celle de l'Arabie saoudite.

[10] Régime politique du monde musulman. En 1924, l'institution califale fut abolie en Turquie et fut remplacée par un État laïque dit «occidentalisé».

© Les éditions La Pensée inc.

Nom: ______________________________ Groupe: ________

Fiche: Réflexion sur le terrorisme

1. Que penses-tu du terrorisme comme moyen de revendication? Par exemple, crois-tu qu'il s'agit d'un moyen efficace?

2. Savais-tu qu'il y avait eu des actes terroristes commis au Québec?

3. Quelle a été ta réaction face aux attentats du 11 septembre 2001?

4. Crois-tu qu'il existe une ou des solutions au terrorisme? Justifie ta réponse.

5. Alors que certains réclament de plus en plus de mesures de sécurité pour se protéger du terrorisme, d'autres au contraire soutiennent que nos dirigeants utilisent ce prétexte pour contrôler davantage les citoyens. Qu'en penses-tu?

 © Les éditions La Pensée inc.

Martin Luther King, un modèle de non-violence

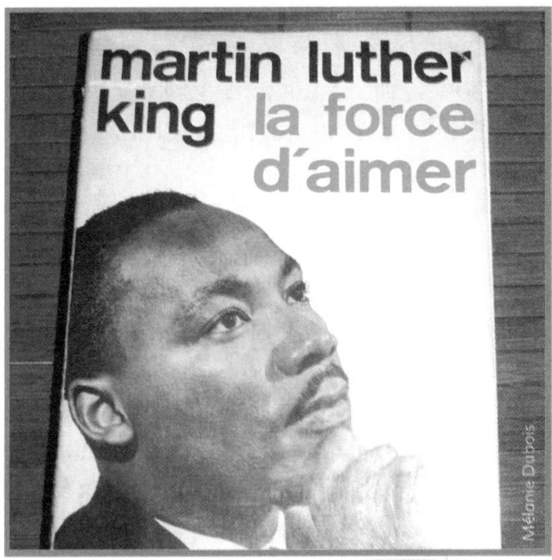

Nous avons vu, avec le terrorisme, un côté sombre de l'être humain. Voyons maintenant un côté plus lumineux, celui de la non-violence avec Martin Luther King.

Martin Luther King a suivi les traces de son père et de son grand-père en devenant pasteur à son tour. Il a eu l'occasion de faire de bonnes études et n'a pas connu la misère qui était le lot de millions de Noirs américains. Un de ses modèles était Gandhi qui a réussi à obtenir l'indépendance de l'Inde par des actions non-violentes. Il appelait la non-violence la *soul force*, soit la force de l'esprit.

En 1955, Rosa Parks, une femme inconnue, refuse de céder sa place à un Blanc dans un autobus de la ville de Montgomery, comme l'exigeait alors la loi. King est invité à prendre la tête d'un immense mouvement de boycott du service de transport de la ville. Il est alors arrêté pour violation des lois anti-boycott. Il ira en appel et ce sera alors une victoire pour la communauté noire du pays, car les règlements imposant la ségrégation dans les transports seront jugés illégaux. Le boycott aura duré 382 jours, durant lesquels les Noirs auront été fortement unis, s'entraidant entre autres en organisant des services de taxis communautaires.

Sous l'inspiration de la vague contestataire de non-violence inaugurée par King, d'autres mouvements prennent leur envol et reçoivent son appui. Citons les *sit-in*, ces rassemblements de contestataires noirs qui s'installaient dans des lieux interdits aux Noirs, comme les restaurants, et refusaient de les quitter. Cette action non-violente a eu un effet important et accélérateur dans l'accès des Noirs à des lieux publics comme les bibliothèques, certains magasins, des banques… Dans la même vague sont apparus les *freedom rides*, qui étaient des autobus pleins de gens partant du Nord pour aller voir les progrès des droits des Noirs dans le Sud.

King organise en août 1963 une grande marche à Washington. Elle réunit 250 000 personnes, dont 60 000 Blancs, de manière tout à fait pacifique pour revendiquer des

 © Les éditions La Pensée inc.

droits pour les Noirs. C'est lors de cet événement que King a fait son discours le plus célèbre : *I have a dream*. En voici un extrait :

> Quand nous laisserons retentir la liberté, quand nous la laisserons retentir de chaque village et de chaque lieu-dit, de chaque État et de chaque ville, nous nous rapprocherons vite de ce jour où tous les enfants de Dieu, noirs et blancs, juifs et gentils, catholiques et protestants, pourront se prendre par la main et chanter les paroles de ce vieux negro-spiritual : « Enfin libres! Enfin libres! Dieu tout-puissant, merci, nous sommes enfin libres! »

En 1964, Martin Luther King fut le plus jeune récipiendaire du prix Nobel de la paix. Malheureusement, la grogne commençait à monter dans la communauté noire qui trouvait que les changements n'étaient pas suffisamment rapides. De plus, l'écart économique entre les Noirs et les Blancs allait en s'accentuant. Des groupes radicaux furent créés, clamant *Black power !* et refusant l'idée de fraternité entre les deux nations telle que prônée par King. Ils ne furent pas les seuls ennemis de King. Edgar Hoover, directeur du FBI, avait aussi King dans sa mire.

En 1968, alors qu'il est à peine âgé de 39 ans, Martin Luther King est assassiné. Le mystère plane toujours sur les coupables. Il est légitime de croire que, même si le FBI était au courant de ce qui allait se produire, il n'a probablement rien fait pour empêcher ce meurtre.

Quand nous laisserons retentir la liberté, quand nous la laisserons retentir de chaque village et de chaque lieu-dit, de chaque État et de chaque ville, nous nous rapprocherons vite de ce jour où tous les enfants de Dieu, noirs et blancs, juifs et gentils, catholiques et protestants, pourront se prendre par la main et chanter les paroles de ce vieux negro-spiritual: « Enfin libres! Enfin libres! Dieu tout-puissant, merci, nous sommes enfin libres! »

 © Les éditions La Pensée inc.

Nom: ______________________________ Groupe: ________

Fiche: Réflexion sur la non-violence par rapport au terrorisme

1. Que penses-tu de la non-violence comme moyen de revendication? Par exemple, crois-tu qu'il s'agit d'un moyen efficace?

____
____
____
____
____
____
____

2. Connais-tu d'autres moyens non-violents de revendiquer ou d'autres groupes qui revendiquent par des moyens pacifiques? Nomme-les.

____
____
____
____
____
____
____

3. Trouve les valeurs qui sont propres au terrorisme et celles qui sont propres à la non-violence. Compare-les et trouves-en le rôle et le sens.

____
____
____
____
____
____
____
____

 © Les éditions La Pensée inc.

4. Considères-tu que ces deux moyens de revendiquer (terrorisme et non-violence) répondent aux visées du programme, c'est-à-dire la reconnaissance de l'autre et la poursuite du bien commun? Explique ta réponse.

5. Crois-tu que la non-violence est préférable en toute circonstance ou qu'elle a ses limites? Explique ta réponse.

6. On dit souvent que la fin justifie les moyens. Crois-tu que cela soit applicable au terrorisme et pourquoi? Explique ta réponse à l'aide de repères (normes, valeurs, règles, principes…).

7. Trouve d'autres expressions de l'ambivalence de l'être humain (grandeur et côté sombre).

 © Les éditions La Pensée inc.

8. Comment comprends-tu cette phrase : « L'être humain est un paradoxe sur deux pattes » ? Explique ta réponse.

____

____

____

____

____

____

La non-violence dans les religions

Le principe de la non-violence n'est pas nouveau et n'a pas été inventé par Gandhi ou Martin Luther King. Au contraire, il est très ancien et on peut en retrouver des traces dans plusieurs religions. En voici quelques exemples.

La non-violence dans l'islam

« *Combattez dans la voie de Dieu contre ceux qui vous feront la guerre. Mais ne commettez point d'injustice en les attaquant les premiers, car Dieu n'aime pas les injustes.* » (Coran 2, 190)

« *Point de violence en matière de religion.* » (Coran 2, 2, 257)

La non-violence dans le christianisme

« *Aimez vos ennemis.* » (Mt 5, 44)
« *Heureux ceux qui procurent la paix, car ils seront appelés fils de Dieu!* » (Mt 5, 9)
« *Tu aimeras ton prochain comme toi-même.* » (Lv 19, 18)

Une forme extrême de non-violence : le jaïnisme

Dans cette religion, les gens sont non seulement végétariens, mais ils doivent aussi s'abstenir de « tuer » des végétaux. Par exemple, une pomme doit être tombée de l'arbre pour pouvoir être mangée…

© Les éditions La Pensée inc.

Évaluation de la réflexion sur le terrorisme et la non-violence	
Réfléchir sur des questions éthiques **Examiner une diversité de repères d'ordre culturel, moral, religieux, scientifique ou social.** • Trouve quelques repères présents dans le terrorisme et la non-violence. • Explique le rôle et le sens de ces repères. • Interroge la pertinence de certains repères. • Explique comment un repère présent dans la situation peut avoir un sens différent dans un autre contexte. • Sélectionne les repères les plus pertinents pour réfléchir à la question éthique. **Évaluer des options et des actions possibles.** • Trouve des critères permettant d'évaluer des options ou des actions en fonction du vivre-ensemble. • Explique comment il est parvenu ou elle est parvenue à sélectionner des options ou des actions.	
Pratiquer le dialogue **Pertinence et quantité suffisante de traces écrites de l'organisation de sa pensée.** • Évalue des éléments importants qui constituent un point de vue. **Utilisation adéquate des éléments de contenu relatifs à l'interaction avec les autres.** • Exprime son point de vue à l'aide de moyens appropriés (la description, la comparaison, la justification, etc.).	
TOTAL	

Échelle d'appréciation				
A Très satisfaisant	B Satisfaisant	C Passable	D Insatisfaisant	E Nettement insatisfaisant

 © Les éditions La Pensée inc.

Nom: ____ Groupe: ________

Fiche: Activité d'intégration

Réflexion sur mes paradoxes

L'ambivalence de l'être humain ne se retrouve pas uniquement entre différentes personnes, mais bien à l'intérieur même de chacun d'entre nous. Nous avons tous nos grandeurs et nos faiblesses, nos bons coups et nos moins bons. À titre d'activité d'intégration, tu es invité ou invitée à réfléchir sur tes propres paradoxes. Par exemple, pense à des situations où tu as mis de côté tes valeurs ou à d'autres cas touchant à la fois la vérité et le mensonge, le bien et le mal, la raison et la passion.

© Les éditions La Pensée inc.

Tous les humains sont-ils vraiment égaux?

Ils ont faim les enfants du monde : moi j'ai les mains vides et le cœur dévasté.

– Gabrielle Poulin

Une minorité de personnes consomment la majorité des richesses disponibles sur la planète, tandis qu'une majorité vit dans la pauvreté la plus extrême. Le problème de l'inégale répartition des richesses entre les classes sociales, les sexes et les peuples n'est pas nouveau, mais il est plus criant de nos jours avec la mondialisation. Les conséquences de ces inégalités économiques et sociales sont dramatiques : la maladie, la malnutrition, l'analphabétisme, le travail des enfants, le nombre croissant de sans-abri, etc. Voici quelques statistiques pour avoir une meilleure vue d'ensemble de la situation.

- Près de 1 milliard d'humains (20 % de la population) posséderaient et utiliseraient 80 % de l'ensemble des richesses mondiales, c'est-à-dire que les peuples situés au nord[11] consommeraient 16 fois plus que les peuples du sud.
- Les femmes effectuent les deux tiers du travail à l'échelle mondiale, mais ne gagnent que 10 % des richesses mondiales et ne possèdent que 1 % de la propriété du monde.

On estime que :

- 800 millions de personnes ne mangent pas à leur faim ;
- 1,2 milliard de personnes vivent dans la pauvreté extrême ;
- L'eau potable n'est pas accessible pour plus d'un milliard de personnes ;
- 880 millions de personnes n'ont pas accès à des soins de santé de base ;
- il y a environ 860 millions d'adultes analphabètes sur la planète ;
- 50 000 personnes meurent tous les jours en raison de la pauvreté, etc.

[11] Les pays dits riches sont situés au nord et les pays pauvres au sud.

 © Les éditions La Pensée inc.

Dans ce *Dialogue*, tu aborderas la problématique de la répartition des richesses. Tu te questionneras sur cet enjeu éthique et tu tenteras d'y apporter des solutions. Enfin, tu participeras à un débat sur la taxe de Tobin : une solution proposée pour venir en aide aux peuples les plus pauvres de la planète.

Enfant travaillant au Pérou.

Quartier pauvre en Tunisie.

 © Les éditions La Pensée inc.

Nom: ______________________________ Groupe: ________

Fiche: Réflexions sur les inégalités sociales

Tâche de l'élève: Réponds aux questions suivantes.

1. Formule des questions éthiques en lien avec la problématique des inégalités sociales (au moins deux).

____

____

____

____

2. Trouve des préjugés sur la pauvreté et sur les pays en voie de développement.

____

____

____

____

____

____

____

____

3. En équipe de trois, trouvez au moins deux solutions aux problèmes des inégalités sociales. Justifiez le choix de vos solutions.

____

____

____

____

____

____

____

____

____

____

____

____

 © Les éditions La Pensée inc.

Le commerce équitable, une alliance entre la conscience écologique et la justice sociale

Chocolat et café équitables font désormais partie du paysage québécois. Mais sais-tu vraiment ce qu'est un produit « équitable » ? Le commerce équitable est une initiative visant à offrir une rétribution juste aux travailleurs des pays du sud. En effet, ces derniers sont trop souvent bafoués dans leurs droits les plus élémentaires et leurs besoins fondamentaux tant dans les usines que sur les plantations diverses. L'organisme Équiterre[12] définit le commerce équitable comme étant un « système d'échange respectueux de l'environnement et des droits des travailleurs » (site Équiterre). Plutôt que de privilégier la quête du prix le plus bas possible, on s'assure que le prix offert pour le produit permet de couvrir les coûts de la production et d'offrir une vie décente aux travailleurs et à leurs familles. « (Les producteurs) sont généralement regroupés en coopérative ou association démocratique. Ce sont eux qui planifient leurs projets de développement, car les profits générés par la vente de leur produit sont directement réinvestis dans la communauté selon leurs besoins » (site Équiterre). Les produits certifiés équitables sont de plus en plus nombreux. Au Québec, on retrouve entre autres, en plus du chocolat et du café, du thé, du sucre, des épices, du riz, des bananes, des ballons de soccer et des produits artisanaux.

Peut-être connais-tu Laure Waridel? Cette femme est l'une des pionnières du commerce équitable et l'une de ses plus célèbres figures en Amérique du Nord. Que ce soit par le biais de différentes tribunes télévisées, radiophoniques ou à l'intérieur de chroniques dans les journaux (*Tout le monde en parle*, *Indicatif Présent*, l'hebdomadaire culturel *Voir* et plusieurs autres), de ses nombreuses conférences dans les collèges et les universités ou par l'écriture de ses livres dont *Acheter, c'est voter Le cas du café,* ainsi que *L'envers de l'assiette et quelques idées pour la remettre à l'endroit* (tous les deux aux Éditions Écosociété), elle fait inlassablement la promotion du commerce équitable, de la consommation responsable et des valeurs écologiques. Tu es maintenant invité ou invitée à lire une lettre qu'elle a spécialement écrite pour nous permettre de faire un pas de plus dans notre réflexion sur la répartition des richesses.

Ce sigle imprimé sur un produit assure au consommateur qu'il est vraiment équitable.

[12] Équiterre est un organisme fondé avec l'intention de créer un mouvement citoyen. Son plan d'action est articulé autour des quatre programmes suivants : agriculture écologique, commerce équitable, efficacité énergétique et transport écologique. Laure Waridel est l'une des cofondatrices de cet organisme.

Faire virer le vent

Lettre de Laure Waridel

Lorsqu'on entend parler des changements climatiques, de la contamination chimique et génétique, de la perte de biodiversité, des inégalités sans cesse croissantes entre riches et pauvres et de l'exploitation des plus démunis partout à travers le monde, on a tôt fait de se sentir impuissant. Que peut-on faire à 16 ans pour contrer des problèmes aussi grands ?

En regardant de plus près, on réalise que nous faisons tous partie des problèmes comme des solutions. Chacun à notre échelle, nous pouvons poser des gestes qui contribuent à faire virer le vent, celui du cynisme ambiant qui trop souvent fait tanguer la société vers l'abdication. Nous avons beaucoup plus de pouvoir que ce que l'on est porté à croire parce que nous sommes tous liés les uns aux autres et dépendants des écosystèmes.

Ainsi, bien des gestes individuels ont une portée collective. Lorsqu'on consomme un produit par exemple, on endosse les pratiques de la compagnie qui nous l'a vendu. Nous sommes liés à ceux et celles qui ont cultivé le café qui se trouve dans nos tasses, à ceux et celles qui l'ont transformé, emballé, transporté. Pour produire ce café, il a fallu une terre fertile, de l'eau et du soleil. Il a aussi fallu de l'énergie à chacune des étapes. C'est la même chose pour tout ce que l'on consomme. En étant conscient des impacts environnementaux et sociaux de nos choix de consommation, on peut faire des choix qui contribuent à la construction d'un système économique plus équitable et plus écologique.

En choisissant des produits équitables par exemple, on soutient des coopératives de petits producteurs et des travailleurs qui obtiennent un meilleur prix pour leur travail que sur le marché conventionnel. En achetant des aliments biologiques on évite que des pesticides chimiques et des OGM contaminent l'environnement. En privilégiant l'achat à de petites entreprises locales on soutient le développement économique de notre communauté. Et plus globalement, en réduisant notre consommation, en se demandant si on a vraiment besoin d'un produit avant de l'acheter, on réduit la taille de notre empreinte écologique.

L'air que je respire est peut-être déjà passé à travers le corps de mon voisin. Chaque goutte d'eau sur la terre est passée au moins 20 fois dans le fleuve Saint-Laurent, alors que l'eau qui se trouve dans mon verre a peut-être déjà été bue par un dinosaure ou a servi à éteindre un feu au Moyen Âge. Il s'agit de la même eau.

Qu'on le veuille ou non, nous sommes liés les uns aux autres.

 © Les éditions La Pensée inc.

Nom: ______________________________ Groupe: ________

Fiche: Commerce équitable

Tâche de l'élève: Réponds aux questions suivantes.

1. Explique dans tes mots ce qu'est le commerce équitable.

____

____

____

2. Quelles sont les valeurs que l'on retrouve dans le commerce équitable ?

____

____

3. Crois-tu que le commerce équitable est une bonne solution au problème de répartition des richesses dans le monde ?

____

____

____

4. Que penses-tu de l'affirmation de Laure Waridel: «Acheter, c'est voter»?

____

____

____

La taxe de Tobin

La taxe de Tobin porte le nom de son concepteur, monsieur James Tobin, prix Nobel de l'économie. Il a proposé cette mesure en 1983 qui consiste en une taxe de 0,05 % à 1 % sur les transactions financières mondiales. Les sommes amassées seraient redistribuées prioritairement aux pays les plus pauvres.

Une telle taxe aurait l'avantage de permettre la constitution d'un «fonds mondial de la citoyenneté» de plusieurs dizaines de milliards annuellement. Cela pourrait servir, par exemple, à financer un contrat mondial pour l'eau.

© Les éditions La Pensée inc.

Nom: ______________________________ Groupe: ________

Fiche: La taxe de Tobin, une bonne solution?

Tâche de l'élève: Lis et réponds aux questions afin de te préparer à participer au débat selon les modalités de ton enseignante ou de ton enseignant.

Réflexion avant le débat:

Que penses-tu de la taxe de Tobin? Es-tu en accord ou en désaccord avec cette proposition? Justifie toujours tes réponses. N'oublie pas d'anticiper des objections possibles et prépare des réponses adéquates.

Que devrait être, selon toi, les priorités de ce fonds?

 © Les éditions La Pensée inc.

AUTOÉVALUATION DU DÉBAT[13]

Attribue-toi la cote que tu juges appropriée pour chaque énoncé.

Nom : ______________________________

Utilise l'échelle suivante :

A exceptionnel — **B** bon
C acceptable — **D** moyen
E faible — * aucune contribution

	Autoévaluation
J'ai participé au débat.	
J'ai donné mon opinion de manière respectueuse.	
J'ai justifié mon opinion à l'aide d'arguments solides. Écris un de ces arguments ainsi que sa justification.	
J'ai préparé des réponses à des objections possibles. Donne un exemple.	
J'ai laissé les autres exprimer leurs idées (je n'ai pas dominé ou intimidé les autres).	
Pendant le débat, j'ai eu une attitude positive, attentive et respectueuse envers les membres de l'autre équipe et leurs opinions.	

Y a-t-il eu des éléments qui ont nui au dialogue ? Nommes-en deux :

- ______________________________
- ______________________________

[13] Grille inspirée de Josée Desmeules, conseillère pédagogique à l'école La Dauversière.

© Les éditions La Pensée inc.

Nom : ______________________________ Groupe : ________

Fiche : Activité d'intégration

Tâche de l'élève : Réponds à la question suivante.

À la suite du débat, ton opinion a-t-elle changé ou a-t-elle été nuancée ? Explique.

Nomme deux choses que tu as apprises au cours de ce *Dialogue*.

 © Les éditions La Pensée inc.

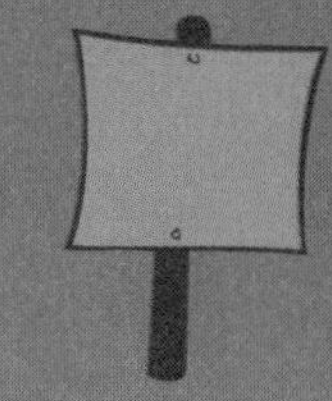

Une autre façon de revendiquer la justice: la désobéissance civile

Au cours de ce *Dialogue*, tu découvriras une manière de résister pacifiquement à une situation jugée inacceptable. Des actions spectaculaires de Greenpeace aux mouvements altermondialistes, il existe de multiples façons subversives de dénoncer l'injustice. Dans un premier temps, tu seras amené ou amenée à analyser diverses définitions de la désobéissance civile. Ensuite, nous allons créer un journal approfondissant différents exemples de désobéissance civile. À partir de ton article, tu présenteras le fruit de tes trouvailles à la classe sous la forme d'une entrevue.

© Les éditions La Pensée inc.

Tâche de l'élève: Prends en note les différentes définitions de la désobéissance civile selon les deux penseurs suivants.

John Rawls:

____

____

____

Jürgen Habermas:

____

____

____

Déroulement du *Dialogue*:

- Formation des équipes (deux ou trois élèves par équipe).
- Choix d'un sujet qui doit être soumis à l'enseignante ou l'enseignant.
- Présentation de la fiche « Trajet », qui explique le travail étape par étape.
- Recherche.
  - * Critères à respecter (consulter la fiche Trajet).
- Préparation et rédaction d'un article à caractère journalistique.
  - * Critères à respecter (consulter la fiche Trajet).
- Présentation sous forme d'entrevue.
  - * Critères à respecter (consulter la fiche Trajet).
- Réflexion personnelle (une page).

Thèmes possibles

- Les *sit-in*
- Reporters sans frontières (le parrainage de journalistes)
- Désertion
- Premiers mouvements syndicaux
- Refus de payer ses taxes (différents exemples sont possibles dont Alice Paul, Thoreau…)
- Manifestation de féministes québécoises pour avoir le droit d'être jurées
- Les femmes en blanc de Cuba
- Actions tibétaines

 © Les éditions La Pensée inc.

- José Bové et les faucheurs volontaires
- Ateliers de désobéissance civile (mouvements altermondialistes)
- Boycott du recensement en Allemagne fédérale
- Belgique : refus de voter (alors que le vote est obligatoire)
- Les Journées de la désobéissance civile
- Lutte contre l'apartheid
- Greenpeace (actions diverses, par exemple s'enchaîner à des voies ferrées)
- Collectif contre la publicité sexiste (vandaliser des publicités jugées sexistes)
- Figures importantes :
  - César Chavez
  - Martin Luther King
  - Gandhi
  - Henry David Thoreau
  - Docteur Morgentaler

Fiche Trajet

Étape 1

1. Formation de l'équipe et choix d'un sujet.

Noms des membres de l'équipe :

A- ________________________________

B- ________________________________

C- ________________________________

2. Choix du thème : ________________________________

(Attention : si votre thème n'est pas sur la liste des sujets proposés, vous devez le faire approuver par votre enseignante ou enseignant.)

3. Lecture attentive de la fiche Trajet au complet.

Évaluation formative :

Explications : À la fin de chacune des étapes, une évaluation formative doit être complétée par l'équipe.

© Les éditions La Pensée inc.

A- Est-ce que chaque membre de l'équipe est satisfait du choix du thème?

____

____

____

B- Est-ce que chaque membre de l'équipe a eu l'occasion de s'exprimer?

____

____

____

____

Étape 2

1. Collecte d'informations.

- Vous devez trouver au minimum deux sources PERTINENTES d'informations sur le sujet.
    - i. En cas de doute sur la validité d'une source, vous pouvez demander conseil à votre enseignante ou votre enseignant.
    - ii. Une bonne piste concernant les sources Internet est de vous limiter à des sites tels Radio-Canada, des sites du gouvernement, Wikipédia et surtout de ne pas travailler à partir de pages personnelles ou de blogues.
    - iii. N'oubliez pas de citer vos sources.

2. Triez et classez les informations les plus pertinentes.

- Vous devez avoir suffisamment d'informations pour rédiger un article de 350 mots.
- Vous devez classer vos informations en sous-thèmes:
    - i. Explication générale de votre sujet.
    - ii. Mise en contexte (historique, politique, social ou religieux).
    - iii. Vos impressions d'équipe:
        1. Pourquoi avez-vous choisi ce mouvement ou cet acteur?
        2. Quelles sont les valeurs qui l'animent?
        3. S'il s'agit d'un sujet du passé, nommez ce qui, selon vous, explique le succès ou l'échec de votre mouvement. S'il s'agit d'un sujet d'actualité, comment envisagez-vous son avenir?
        4. Êtes-vous, ou auriez-vous été, intéressés à embrasser cette cause? Pourquoi?

 © Les éditions La Pensée inc.

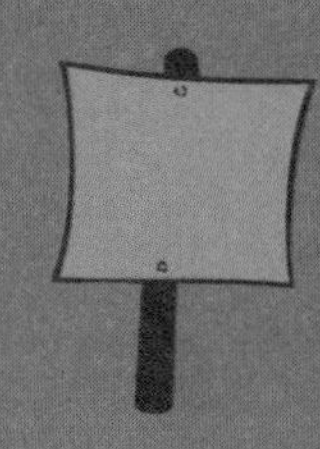

Évaluation formative:

A- Combien de temps chaque membre de l'équipe a-t-il consacré à la partie recherche d'informations ainsi qu'au tri des données?

____

____

____

____

B- Est-ce que chaque membre a participé de façon active (donner son opinion et écouter ses collègues) lors de la section traitant des impressions d'équipe?

____

____

____

____

C- Respectez-vous l'échéancier? Si non, expliquez pourquoi.

____

____

____

____

____

Étape 3

1. Préparation de l'article.

Maintenant que vous avez en main les informations nécessaires à la réalisation de votre travail, vous êtes maintenant rendus à l'étape de rédiger votre article et de préparer votre entrevue.

A- Rédigez votre article.

B- Préparez ensuite une présentation orale de votre travail sous la forme d'une entrevue.

C- Choisissez qui sera l'interviewer et qui sera le ou les interviewés.

D- Consultez la grille d'évaluation pour l'oral. Elle se trouve dans l'étape 4.

Évaluation formative:

A- Après la rédaction de votre texte, relisez-vous attentivement.

© Les éditions La Pensée inc.

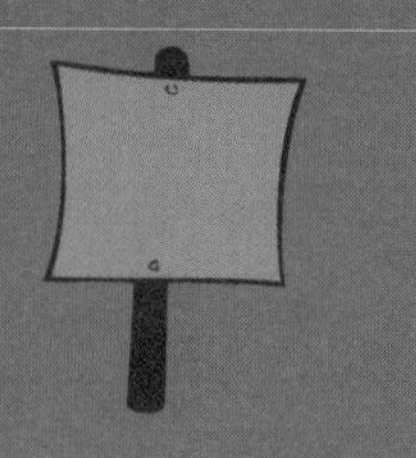

a. Avez-vous l'impression que vos informations présentées sont suffisantes, intéressantes et claires ? Justifiez brièvement votre réponse.

____

____

____

b. Avez-vous suffisamment porté attention à la qualité de votre français ?

____

____

B- Avez-vous connu des difficultés lors de cette étape ? Quelles sont-elles et comment les avez-vous surmontées ?

____

____

____

____

C- Quel est l'apport de chaque membre de l'équipe lors de cette étape ?

____

____

____

Évaluation du travail de réflexion personnelle sur la désobéissance civile, partie écrite	
Analyse détaillée d'une situation éthique. • Décrit et met en contexte la situation (où, quand, comment, qui…). • Trouve des valeurs et des normes présentes dans les points de vue ou la situation. • Explique les tensions ou les conflits de valeurs.	
Compétence transversale: exploiter l'information • Consulte des sources variées et pertinentes. • Organise l'information de manière cohérente.	
TOTAL	/15

Échelle d'appréciation				
A Très satisfaisant	B Satisfaisant	C Passable	D Insatisfaisant	E Nettement insatisfaisant

 © Les éditions La Pensée inc.

Étape 4

1. Présentation orale de votre travail.

À cette étape, vous devez être prêts pour présenter le fruit de votre recherche à l'ensemble de la classe sous forme d'entrevue.

Voici la grille à l'aide de laquelle vous serez évalués.

Évaluation du travail sur la désobéissance civile, partie orale (entrevue)	
Pratiquer le dialogue – savoir organiser sa pensée	
• Explique et met en contexte le sujet (où, qui, quoi).	
• Formule des questions pertinentes et éclairantes. • Répond de manière articulée.	
• Discerne l'essentiel de l'accessoire.	
Compétence transversale: communiquer de façon appropriée	
• Présente son message de manière cohérente. • Utilise le vocabulaire de manière appropriée.	
TOTAL	

Échelle d'appréciation				
A Très satisfaisant	B Satisfaisant	C Passable	D Insatisfaisant	E Nettement insatisfaisant

Étape 5

1. Cette dernière étape constitue votre activité d'intégration. Il s'agit d'une réflexion personnelle (travail individuel) dans laquelle vous devez:

   a. Écrire vos réflexions générales sur le sujet.
   b. Citer et expliquer brièvement trois choses que vous avez apprises.
   c. À la suite des présentations de la classe, choisir un sujet autre que celui de votre équipe et dire ce que vous en avez retenu, pourquoi vous avez été interpellés par cet exemple et expliquer quelles sont les valeurs que vous partagez avec les personnes concernées.

* Chaque membre remet sa propre réflexion d'une page (vous pouvez aller jusqu'à un maximum de deux pages).

© Les éditions La Pensée inc.

Nom: ______________________________ Groupe: ________

Fiche: Activité d'intégration

 © Les éditions La Pensée inc.

Contact avec le sacré

La dimension spirituelle est essentielle pour les personnes croyantes. Il y a de multiples facettes à l'expérience religieuse dont l'observation de rituels, la prière, les pèlerinages, les conversions ainsi que différents modes de transmission (écrits sacrés, enseignements…). Tu seras appelé ou appelée à découvrir quelques-unes de ces facettes afin de t'outiller pour faire, dans un premier temps, un débat sur les écoles confessionnelles et, ensuite, une entrevue sur le terrain avec une personne croyante et pratiquante.

Julie Bolduc

Mélanie Dubois

Mélanie Dubois

Mélanie Dubois

Mélanie Dubois

Mélanie Dubois

Jean-François Vallée

© Les éditions La Pensée inc.

Nom: ______________________________ Groupe: ________

Fiche: Réflexion préliminaire

Tâche de l'élève: Réponds à la question suivante.

Selon toi, à quoi sert-il d'avoir une croyance religieuse? Justifie ta réponse. ____________

 © Les éditions La Pensée inc.

Fonctions de la religion: «À quoi ça sert?»

Commençons par réfléchir sur les fonctions de la religion. À quoi sert-elle? Voici une réponse en cinq points du sociologue états-unien Andrew Greeley.

1- **Ça sert à donner du sens:**
La religion a pour fonction de nous révéler le sens profond de notre existence, de donner un sens à notre vie.
(Par exemple, en répondant aux quatre questions existentielles: D'où viens-je? Pourquoi suis-je ici? Que dois-je faire? Qu'est-ce qu'il y a après la vie?)

2- **Ça donne un sentiment d'appartenance:**
La religion nous permet d'appartenir à une communauté et de créer des liens d'engagement envers celle-ci.
(Par exemple, en permettant à un musulman d'appartenir à la communauté qui fréquente sa mosquée et d'appartenir à l'Oumma, c'est-à-dire la communauté des musulmans à travers le monde.)

3- **Ça sert à intégrer des règles et des valeurs:**
La religion nous permet d'intérioriser les règles et valeurs propres à nos croyances.
(Par exemple, une personne chrétienne ayant souvent été témoin dans son entourage d'actes de pardon et qui s'est souvent fait répéter combien cette valeur était primordiale dans sa religion peut l'intégrer au point d'en faire sa valeur à elle.)

4- **Ça permet d'entrer en contact avec le sacré:**
Par les rites et les fêtes, la religion nous met en contact avec le sacré ou avec la divinité. De plus, comme l'origine du mot *religion* est le terme *religare* qui veut dire relier, la religion est un pont qui nous relie au sacré.
(Par exemple, le sabbat chez les juifs est une journée consacrée totalement à Dieu.)

5- **Ça donne un guide moral:**
La religion donne des balises fiables (règles morales) à l'être humain afin qu'il puisse distinguer le bien du mal.
(Par exemple, l'interdiction de l'adultère est présente dans de nombreuses traditions religieuses.)

© Les éditions La Pensée inc.

Des types d'expériences religieuses au quotidien

Avoir la foi en un système de croyances peut comporter des obligations quotidiennes dont l'observation de règles (alimentaires, comportementales, vestimentaires…) et des rituels (prière, méditation, lecture de textes sacrés, yoga, etc.). En voici quelques exemples.

Observations de rituels: Le Yoga

Le yoga est l'une des pratiques religieuses hindoues. En Occident, le yoga est une façon de « se mettre en forme » et de se détendre. Cependant, pour les croyants, il s'agit d'une pratique qui donne accès à la libération. En fait, le mot *yoga* signifie « union », c'est-à-dire l'union entre le monde terrestre et le monde divin. Dans l'hindouisme, la pratique du yoga ne consiste pas simplement en l'apprentissage de postures et de contrôle de la respiration, il s'agit d'un entraînement complet qui comprend des attitudes et des quêtes (non-violence, détachement des possessions matérielles, pureté, ascèse, etc.), le retournement vers soi, la concentration et la méditation (un mantra par exemple) ainsi que l'extase.[14]

Le yoga est très populaire en Occident.

La prière (salat) dans l'islam

Il s'agit d'un rite de louange et d'adoration bien codifié et obligatoire que le croyant doit effectuer cinq fois par jour (à l'aurore, au milieu de la journée, en après-midi, au crépuscule et finalement entre le début de la nuit et l'aube). Cette prière peut être faite seul ou en groupe.

Dans tous les pays musulmans, l'appel à la prière est lancé depuis chacune des mosquées par les *muezzins* du haut du minaret (la tour de la mosquée). Le croyant doit dans un premier temps se purifier. Pour faire ses ablutions, il doit utiliser de l'eau non stagnante sans savon ajouté. Il effectue une série de gestes suivant un rituel minutieusement établi.

La prière est aussi bien codifiée et varie selon l'heure. Le croyant doit se tourner vers La Mecque. Un espace est aménagé, le plus souvent délimité par un tapis. Le vendredi après-midi, la prière se fait à la mosquée et elle est suivie d'un sermon.

Musulman en prière dans la mosquée Al-Aksa à Jérusalem.

[14] Informations tirées de: CHARBONNEAU, Nicole-Andrée, et Simon DERASPE. *La tradition hindoue Au-delà des apparences*, Montréal, les éditions La Pensée inc., 2002, p. 46.

© Les éditions La Pensée inc.

Des types d'expériences religieuses exceptionnelles

Il y a des types d'expériences religieuses que l'on dit exceptionnelles puisqu'elles ne se vivent pas au quotidien et même qu'elles ne sont pas le lot de tous les croyants. Par exemple, certaines personnes naissent dans une religion et la conservent toute leur vie. D'autres vivront une expérience de conversion, c'est-à-dire qu'elles se sentent appelées ou touchées de manière très forte par un message ou une expérience au point d'abandonner leur ancienne religion pour une nouvelle ou deviennent tous simplement des croyants. Les pèlerinages constituent un autre type d'expérience exceptionnelle. Dans toutes les religions, il y a des lieux sacrés où le croyant peut se rendre afin de se recueillir et de vivre un moment important dans son cheminement spirituel. Il y a aussi les expériences d'un autre type, soit le contact avec le sacré par le biais des rêves et des visions. Voici quelques exemples d'expériences religieuses exceptionnelles.

Vitrail de l'église du Très-Saint-Nom-de-Jésus.

Mélanie Dubois

Conversion de Paul

Saul (ou Paul, son nom romain) est un Juif de la Diaspora. Il était un persécuteur de l'Église chrétienne jusqu'au moment de sa conversion dont nous lirons le récit. Il sera surnommé «l'Apôtre des Gentils». Entre 44 et 58, il entreprend trois grands voyages missionnaires qui le mèneront en Asie mineure et en Grèce. Il est le fondateur de nombreuses nouvelles communautés de païens convertis.

<u>(Ac 9,1-20) Traduction œcuménique de la Bible version électronique</u>

Paul, ne respirant toujours que menaces et meurtres contre les disciples du Seigneur, alla demander au grand prêtre des lettres pour les synagogues de Damas. S'il trouvait là des adeptes de la Voie, hommes ou femmes, il les amènerait, enchaînés, à Jérusalem. Poursuivant sa route, il approchait de Damas quand, soudain, une lumière venue du ciel l'enveloppa de son éclat. Tombant à terre, il entendit une voix qui lui disait: «Saul, Saul, pourquoi me persécuter? - Qui es-tu, Seigneur? demanda-t-il. - Je suis Jésus, c'est moi que tu persécutes. Mais relève-toi, entre dans la ville, et on te dira ce que tu dois faire». Ses compagnons de voyage s'étaient arrêtés, muets de stupeur: ils entendaient la voix, mais ne voyaient personne. Saul se releva de terre, mais bien qu'il eût les yeux ouverts, il n'y voyait plus rien et c'est en le conduisant par la main que ses compagnons le firent entrer dans Damas où il demeura privé de la vue pendant trois jours, sans rien manger

© Les éditions La Pensée inc.

ni boire. Il y avait à Damas un disciple nommé Ananias; le Seigneur l'appela dans une vision: «Ananias! - Me voici, Seigneur!» répondit-il. Le Seigneur reprit: «Tu vas te rendre dans la rue appelée "rue Droite" et demander, dans la maison de Judas, un nommé Saul de Tarse; il est là en prière et vient de voir un homme nommé Ananias entrer et lui imposer les mains pour lui rendre la vue.» Ananias répondit: «Seigneur, j'ai entendu bien des gens parler de cet homme et dire tout le mal qu'il a fait à tes saints à Jérusalem. Et ici il dispose des pleins pouvoirs reçus des grands prêtres pour enchaîner tous ceux qui invoquent ton nom.» Mais le Seigneur lui dit: «Va, car cet homme est un instrument que je me suis choisi pour répondre de mon nom devant les nations païennes, les rois et les Israélites. Je lui montrerai moi-même en effet tout ce qu'il lui faudra souffrir pour mon nom.» Ananias partit, entra dans la maison, lui imposa les mains et dit: «Saul, mon frère, c'est le Seigneur qui m'envoie - ce Jésus, qui t'est apparu sur la route que tu suivais, afin que tu retrouves la vue et que tu sois rempli d'Esprit saint.» Des sortes de membranes lui tombèrent aussitôt des yeux; il retrouva la vue et reçut alors le baptême; puis, quand il se fut alimenté, il reprit des forces. Il passa quelques jours avec les disciples de Damas, et sans attendre, il proclamait dans les synagogues que Jésus est le Fils de Dieu.

Rêve ou vision

Chez les Amérindiens, c'est principalement à travers la quête de visions que l'on entre en contact avec le monde des dieux et des esprits. Cette relation revêt une importance capitale dans la plupart des cultures amérindiennes. C'est souvent lors d'une période de jeûne et de prière effectuée dans un lieu isolé que l'on peut espérer recevoir la vision d'un esprit protecteur.

Le chaman obtient d'ailleurs ses pouvoirs par le biais de visions et de rêves. L'un de ces pouvoirs est justement la capacité d'interpréter

Chantal Bertrand

les rêves des autres membres de son groupe puisque l'on considère qu'ils sont porteurs de sens et de prémonitions.

Chez les Innus, chasseurs des boisés du Nord-Est, obtenir des animaux est un acte complexe. En effet, on croit traditionnellement que, pour débusquer les bons endroits pour chasser, le rêve est nécessaire. Une quête de rêve est essentielle pour entrer en relation avec le Maître des animaux et pouvoir ainsi trouver suffisamment de bêtes afin de nourrir toute sa famille.

Les visions de sainte Jeanne d'Arc, dite la Pucelle d'Orléans

Le cas le plus connu de «visions» est peut-être celui de Jeanne d'Arc, morte en 1431 vers l'âge de 19 ans. Jeune fille très pieuse,

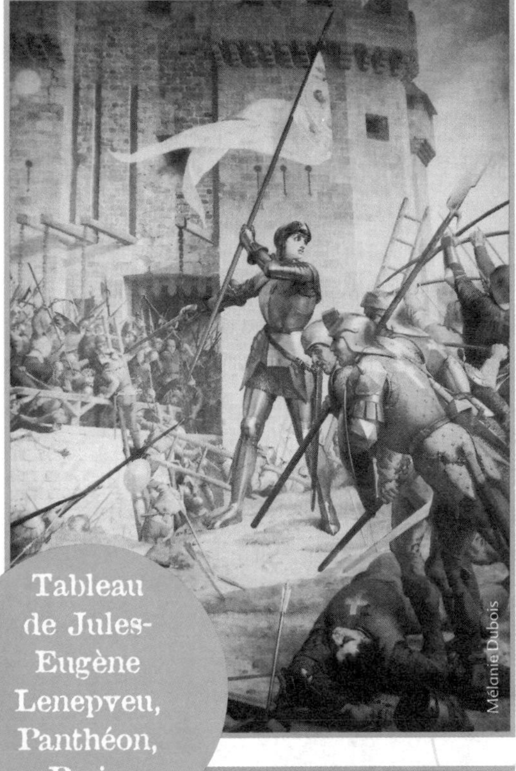

Tableau de Jules-Eugène Lenepveu, Panthéon, Paris.

elle entend à 13 ans les voix de sainte Catherine et de sainte Marguerite, ainsi que celle de l'archange saint Michel l'engageant à délivrer Orléans. Nous sommes durant la guerre de Cent Ans et la ville est assiégée par les Anglais. À 16 ans, elle entreprend ce qu'elle croit être son destin. Elle réussit à se faire mettre à la tête d'une petite armée et fera lever le siège d'Orléans. Après plusieurs victoires et un échec devant Paris, elle est capturée à Compiègne et livrée aux Anglais qui la défèrent au tribunal d'Inquisition. Elle y sera jugée hérétique et mourra sur le bûcher. Ironie du sort, elle sera réhabilitée par l'Église en 1456, béatifiée en 1909 puis canonisée en 1920. Elle est aujourd'hui l'une des trois saintes patronnes de la France avec sainte Marie et sainte Thérèse de l'Enfant-Jésus.

Les pèlerinages

La Kumbha Mela

Pèlerins lors de la Kumbha Mela de Nasik.

La Kumbha Mela est le plus grand pèlerinage du monde. Plus de 50 millions d'hindous convergent vers le fleuve sacré : le Gange. Ce pèlerinage exceptionnel a lieu tous les 12 ans, dans 4 villes différentes à tour de rôle : Prayâg, Hardwâr, Ujjain et Nasik. L'objectif de ce pèlerinage d'un mois est de s'immerger dans le Gange lors de la Triveni, qui est la confluence du Gange, de la Yamuna et de la mystérieuse Sarasvati, un cours d'eau « virtuel ». À ce moment précis, l'eau se transformerait en *amrita*, un nectar de

© Les éditions La Pensée inc.

l'immortalité créé par les dieux. Les pèlerins qui se purifient dans cette eau sacrée obtiendraient la libération du cycle des réincarnations, ainsi que pour leurs proches.

Photographie anonyme

Déesse Ganga homologuée à la rivière Krispa qui s'associe au Gange lors de la Kumbha Mela de Ujjain.

Le Saint-Sépulcre

Porte du Saint-Sépulcre.

L'Église du Saint-Sépulcre est un lieu de pèlerinage important pour les chrétiens depuis le IVe siècle. Ce sanctuaire est situé dans la Vieille ville de Jérusalem et est considéré comme un lieu sacré, puisqu'il aurait été édifié autour du lieu où Jésus a été crucifié (le Golgotha), enseveli et serait ressuscité. De plus, les cinq dernières stations de la Via Dolorosa se trouvent à l'intérieur de ce sanctuaire. La Via Dolorosa est la rue qu'aurait pris Jésus avant sa crucifixion ; on appelle cela un chemin de croix (il y a 14 stations). Les pèlerins peuvent emprunter cette rue et suivre les neuf stations qui mènent au Saint-Sépulcre.

L'objectif du pèlerinage est de toucher le roc de la montagne où Jésus aurait été crucifié.

Procession sur la Via Dolorosa.

 © Les éditions La Pensée inc.

Voici les 14 stations du chemin de croix:

1. Jésus est condamné à la crucifixion.
2. Jésus est chargé de sa croix.
3. Jésus tombe pour la première fois.
4. Jésus rencontre sa mère.
5. Simon de Cyrène aide Jésus à porter sa croix.
6. Véronique essuie le visage de Jésus.
7. Jésus tombe une deuxième fois.
8. Jésus rencontre les femmes pieuses.
9. Jésus tombe pour la troisième fois.
10. Jésus est dépouillé de ses vêtements.
11. Jésus est cloué sur la croix.
12. Jésus meurt sur la croix.
13. Jésus est détaché de la croix et son corps est remis à sa mère.
14. Le corps de Jésus est mis au tombeau.

Dôme du Rocher

Chrystian Boyer

Le dôme du Rocher est le troisième lieu saint pour les musulmans, après La Mecque et Médine. Ce sanctuaire a été construit de 687 à 691 sur l'emplacement des précédents temples à Jérusalem. À l'intérieur, on y trouve un Rocher sur lequel Abraham se serait préparé à sacrifier son fils Isaac. Ce Rocher est aussi l'endroit où Muhammed aurait été emporté au ciel, afin de rencontrer Allah. Sous le rocher se trouve une grotte appelée « puits des âmes». Selon la croyance, c'est à cet endroit que les âmes se rassemblent pour prier en attendant le Jugement dernier.

Un lieu sacré chez les Amérindiens

Joann McCann

La façade du Rocher – site sacré.

«Le Rocher de l'Oiseau est situé dans l'ouest du Pontiac, dans la province du Québec. C'est un rocher abrupt, de 150 mètres de haut qui surplombe la rivière des Outaouais près de Chalk River en Ontario. C'était un site sacré pour les Amérindiens qui ont laissé sur place un remarquable héritage d'anciens pictogrammes que l'on peut encore observer de nos jours.

Lorsque l'on s'approche du Rocher, vous y verrez de nombreux graffitis. Certains ont 50 à 60 ans. Malheureusement, ces graffitis recouvrent les peintures rupestres (pictogrammes) qui ont été faites par les peuples des Premières Nations. Ces pictogrammes sont des écritures en images qui ont été dessinées par les Algonquins. Le

Joann McCann

© Les éditions La Pensée inc.

Rocher de l'Oiseau contient tous les éléments typiques pour un site sacré : un mur rocheux vertical aux abords de l'eau. Ici, le ciel, la terre et l'eau se rejoignent de telle sorte que le manitou (l'esprit) peut voyager d'un monde à l'autre. Les Amérindiens croyaient également que les esprits demeuraient dans les créatures – humaines ou animales – et même dans les composants de la terre, tels que les rochers. Les pictogrammes étaient créés à un endroit où habitaient les manitous. On pense qu'une image est un témoignage à une expérience spirituelle par laquelle un puissant guérisseur a décrit son entrée dans le Rocher à la recherche d'un remède.

Histoire du Rocher de l'Oiseau

Les données historiques indiquent que les Amérindiens ont considéré le Rocher de l'Oiseau comme un site sacré. Dans le 17e siècle, un explorateur a relaté que les Amérindiens ont fait des offrandes à cet endroit en lançant des flèches enrobées de plante de tabac par-dessus le Rocher. En 1913, un Indien Temagami a raconté à un anthropologue qu'il y avait une image de Nanabojou (un manitou ojibwa) sur le Rocher sur la rivière des Outaouais.

Encore maintenant, de nombreuses légendes algonquiennes sont associées au Rocher. Une des légendes est qu'un bébé a été sauvé par un aigle alors qu'il tombait du haut du Rocher. Une autre histoire raconte comment un aigle a arraché un bébé des bras de sa mère et a volé vers le sommet du Rocher. La mère a vaillamment grimpé jusqu'au sommet du Rocher et a arraché son bébé des griffes de l'aigle. Une histoire plus tragique nous raconte qu'une Indienne, accablée de chagrin par la mort de son bien-aimé, s'est donné la mort en sautant du haut du Rocher[15]. »

Les lieux de l'expérience religieuse

Journée Mondiale de la Jeunesse (JMJ) : un rassemblement de jeunes catholiques

Les JMJ constituent un événement réunissant des centaines de milliers de jeunes catholiques. Le premier rassemblement a eu lieu en 1986 sous le pontificat de Jean-Paul II. Toronto a reçu l'événement en 2002. L'hôte de 2008 fut la ville australienne Sydney. Chaque année, le pape attribue un thème aux jeunes. Celui de 2008 était : « Vous allez recevoir une force, celle de l'Esprit saint qui descendra sur vous. Alors vous serez mes témoins. » (Ac 1,8)

Les motivations des jeunes participants sont diverses : « donner un nouveau souffle à ma foi », « célébrer Jésus avec des milliers d'autres croyants », « contempler les différents visages de la foi », « fraterniser », « faire la fête », « se ressourcer », etc.

Le pape en profite pour s'adresser aux jeunes par le biais d'une lettre remise avant le rassemblement comme source de méditation et s'adresse ensuite de vive voix à la foule en se rendant sur place, ce qui constitue pour beaucoup un moment important dans leur vie.

[15] L'auteure du texte est Joann McCann, des Amis du Rocher de l'Oiseau. Vous trouverez le texte intégral et d'autres informations et photos sur le site Internet du Cycloparc. Il s'agit d'un site relevant de la MRC de Pontiac. Adresse : www.cycloparcppj.org/oiseau/rocheroiseau.htm

 © Les éditions La Pensée inc.

Des modes de transmission de l'héritage religieux

Il existe de nombreuses manières de transmettre ses valeurs et ses croyances: des textes sacrés, des récits légués à l'oral ou à l'écrit, des us et coutumes et bien sûr des enseignements. Auparavant, au Québec tous les aspects de la vie du citoyen étaient imprégnés de la religion catholique. Les écoles étaient catholiques ou protestantes, les hôpitaux étaient catholiques ainsi que les syndicats et c'est l'Église qui émettait les baptistaires, équivalents des certificats de naissance d'aujourd'hui. Depuis les années 1960, nous avons assisté à un vaste mouvement de sécularisation. Peut-être seras-tu étonné ou étonnée d'apprendre que ce n'est que depuis 1998 que toutes les commissions scolaires sont devenues laïques. Il ne subsistait qu'un cours à caractère confessionnel que les élèves pouvait suivre ou non (enseignement religieux catholique ou protestant, ou enseignement moral). Depuis septembre 2008, le système scolaire public est maintenant complètement laïque, puisque les cours d'enseignement religieux ont été remplacés par le programme commun d'éthique et culture religieuse. Même les écoles privées confessionnelles (juive, catholique ou autres) sont tenues de dispenser ce cours en plus de leurs cours d'enseignement religieux.

Les écoles confessionnelles sont un sujet controversé. Certains ne jurent que par elles alors que d'autres voudraient qu'elles soient interdites.

© Les éditions La Pensée inc.

Nom: ______________________________ Groupe: ________

Fiche: Préparation au débat

Tâche de l'élève: En équipe de trois, trouvez des arguments pour et contre les écoles confessionnelles.

POUR	CONTRE

 © Les éditions La Pensée inc.

AUTOÉVALUATION DU DÉBAT[16]

Attribue-toi la cote que tu juges appropriée pour chaque énoncé.

Nom : ______________________________

Utilise l'échelle suivante :

A	exceptionnel	**B**	bon
C	acceptable	**D**	moyen
E	faible	*	aucune contribution

	Autoévaluation
J'ai participé au débat.	
J'ai donné mon opinion de manière respectueuse.	
J'ai justifié mon opinion à l'aide d'arguments solides. Écris un argument ainsi que sa justification.	
J'ai préparé des réponses à des objections possibles. Donne un exemple.	
Pendant la discussion en groupe, j'ai eu une attitude positive, attentive et respectueuse envers les autres équipes et leurs opinions.	
J'ai laissé les autres exprimer leurs idées (je n'ai pas dominé ou intimidé les autres).	
Pendant le débat, j'ai eu une attitude positive, attentive et respectueuse envers les membres de l'autre équipe et leurs opinions.	

Y a-t-il eu des éléments qui ont nui au dialogue ? Nommes-en deux :

- ______________________________
- ______________________________

16 Grille inspirée de Josée Desmeules, conseillère pédagogique à l'école La Dauversière.

© Les éditions La Pensée inc.

Nom: ______________________________ Groupe: ________

Fiche: Réflexion sur le débat

Tâche de l'élève: Réponds aux questions suivantes.

Inscris ici ton opinion sur la question des écoles confessionnelles et justifie-la.

Ton opinion s'est-elle modifiée ou consolidée à la suite du débat? Explique pourquoi ou comment.

Écris un argument qui va à l'encontre de ton opinion, mais que tu juges néanmoins pertinent. Explique pourquoi.

 © Les éditions La Pensée inc.

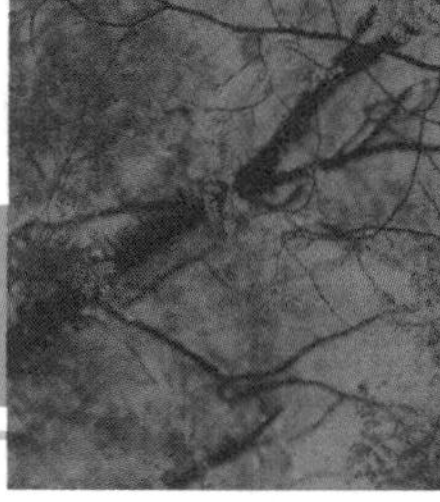

Entrevue avec une personne croyante

En dyade, vous devez réaliser une entrevue avec une personne croyante. Peu importe son allégeance religieuse, la seule condition est qu'elle doit être pratiquante. Il peut s'agir aussi de religion à la carte, c'est-à-dire une personne qui s'inspire de différentes croyances et qui les met en pratique dans sa vie.

Après cette entrevue, rédigez un texte d'une à deux pages. Nous devons y retrouver les éléments suivants :

- La religion ou la croyance de la personne avec ses principaux éléments.
- Cette personne est-elle croyante depuis la naissance ou a-t-elle vécu une conversion ?
- Les fonctions de la religion pour cette personne.
- Elle observe une pratique quotidienne ou hebdomadaire.
- Y a-t-il un lieu sacré qu'elle aimerait visiter ou un pèlerinage qu'elle souhaiterait effectuer ?
- Toute autre information que vous jugerez pertinente ou particulièrement intéressante.
- Vous devez remettre les notes de l'entrevue ou son enregistrement avec votre travail.

Évaluation de l'entrevue	
Manifester une compréhension du phénomène religieux **Analyse détaillée d'une expression du religieux.** • Décrit et met en contexte une expression du religieux. • Explique ce que représente, signifie ou symbolise une expression du religieux (signification). • Explique l'utilité, l'utilisation ou le rôle d'une expression du religieux (fonction). • Associe une expression du religieux à une ou plusieurs traditions religieuses.	

© Les éditions La Pensée inc.

Pratiquer le dialogue	
Pertinence et quantité suffisante de traces écrites de l'organisation de sa pensée. • Trouve et définit les éléments qui constituent l'objet du dialogue. • Se donne une démarche et des outils de travail pour organiser sa pensée et traiter l'information. • Fait référence à son environnement, à des connaissances ou à ses expériences personnelles pour mieux saisir l'objet du dialogue. **Utilisation adéquate des éléments de contenu relatifs à l'interaction avec les autres.** • Garde des traces du point de vue des autres (l'élève conserve les notes ou l'enregistrement de l'entrevue). • Sélectionne les points de vue essentiels à interroger. **Présentation d'un point de vue élaboré à partir d'éléments pertinents, cohérents et en quantité suffisante.** • Détermine ce qui doit être approfondi ou clarifié dans les propos de la personne interviewée. • Utilise des ressources variées et appropriées pour approfondir sa compréhension de certains propos.	
Compétence transversale: communiquer de façon appropriée • Utilisation du vocabulaire, de la syntaxe ou des symboles appropriés. • Respect des codes, c'est-à-dire des usages, des règles et des conventions (respect de la croyance de la personne interrogée et présentation neutre de la croyance et des propos de la personne interviewée).	
TOTAL	

Échelle d'appréciation				
A Très satisfaisant	B Satisfaisant	C Passable	D Insatisfaisant	E Nettement insatisfaisant

 © Les éditions La Pensée inc.

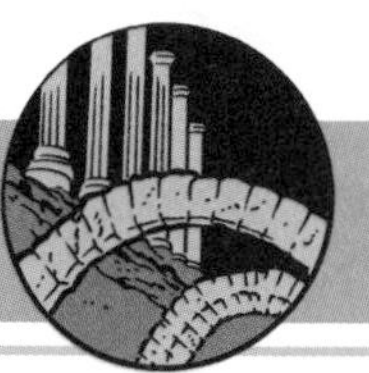
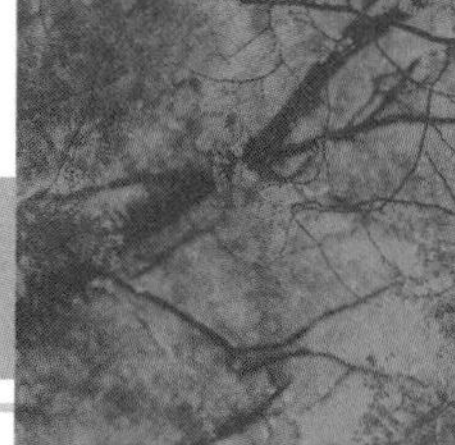

Nom: ______________________________ Groupe: ________

Fiche: Retour sur la réflexion préliminaire

Tâche de l'élève: Retourne voir la réponse que tu avais écrite sur la fiche «Réflexion préliminaire» et réponds à la question suivante.

Est-ce que ton idée sur les fonctions de la religion s'est modifiée ou consolidée? Explique et justifie ta réponse. ______________________________

© Les éditions La Pensée inc.

Les nouveaux mouvements religieux : un monde secret?

Mélanie Dubois

Mélanie Dubois

 © Les éditions La Pensée inc.

Ni rire ni pleurer. Comprendre.
– Spinoza

Contrairement à ce que l'on pourrait croire, le phénomène des sectes n'est pas nouveau. On peut estimer que, dès que des religions furent instituées, il y eut des ruptures internes en raison de dénonciation ou d'innovation religieuse. On note cependant un mouvement en accéléré de ces nouveaux groupes depuis 1945. Les changements ont été rapides dans les sociétés occidentales : nouveaux modes de vie, montée de l'individualisme, institutions en crise... De nouveaux mythes se sont installés dans nos vies avec en tête de liste la science, l'autonomie et le bonheur. À la fin des années 1960, il y a eu un boom de natalité, la montée du féminisme, de l'écologisme, de nombreuses contestations politiques… et des désillusions. Les nouvelles formes de religion répondent aux besoins actuels de la communauté. Par exemple, Alain Bouchard, sociologue des religions, avance que le gourou devient en quelque sorte un palliatif à la désillusion face aux politiciens, que le mantra a remplacé le slogan. De plus, toutes ces transformations sociales ont créé une recherche de sens et de communauté auxquelles répondaient les NMR*. Le début de l'immigration autre que chrétienne a également joué un rôle dans cette prolifération des croyances. Les Beatles sont les figures emblématiques d'une attirance vers les chefs spirituels venant de l'Inde. Peut-être connais-tu la chanson *My sweet Lord* de George Harrison interprétée avec les dévots de Krishna de Londres ?

Les adeptes des NMR constituent une minorité dans la population. Ils occupent néanmoins un espace médiatique important. Il est donc pertinent de s'y attarder.

* Qu'est-ce qu'un NMR ?

Le mot *secte* a une forte connotation négative. C'est pourquoi certains professionnels préfèrent utiliser l'appellation « nouveaux mouvements religieux » (NMR). C'est ce terme que nous utiliserons dans cette section.

© Les éditions La Pensée inc.

Mots de compréhension

Avant d'aborder un nouveau domaine, il est essentiel de maîtriser certains termes qui y sont attachés. Trouve les définitions des termes suivants et explique-les dans tes propres mots.

- Séculier : ______________________________
____
____

- Païen : ______________________________
____
____

- Prosélytisme : ______________________________
____
____

- Apostasier : ______________________________
____
____

- Explique la différence entre tolérance, intolérance et indifférence : ______________________________
____
____
____
____
____
____
____
____
____
____
____
____
____
____

 © Les éditions La Pensée inc.

Quelle est, selon toi, la meilleure attitude à adopter envers les nouveaux mouvements religieux ? Une attitude de tolérance, d'intolérance ou d'indifférence ? Explique ta réponse et fais ressortir les valeurs qui la sous-tendent.

____

____

____

____

____

____

Écoute de la chanson suivie d'une discussion

On veut ton bien* de Yelo Molo, tiré de l'album *Écoute !

« J'ai la vérité t'as la confiance
On a le dogme qui console
Ton jugement va prendre des chances
Viens que l'ignorance s'étiole
Ton avènement se rapproche
J'te donne accès au mentor
Mais y faut que tu t'approches
Laisse tout c'qui t'retient dehors
On veut t'aider à oublier
C'qu'on t'a raconté au passé
Laisse-toé traverser c'qui s'en vient
Ou ou ou on veut ton bien
Ou ou ou on veut ton bien
T'as pas à t'méfier d'jouer
Tu m'obligerais à ta douleur
J's'rais incapable d'accepter
Que t'aies douté de ton sauveur
Va chercher d'autres brebis
Apporte-moé l'euphorie
Rappelle-toé au jour du "oui"
Il m'en faut d'autres aujourd'hui
On veut t'aider à oublier
C'qu'on t'a raconté au passé
Laisse-toé traverser c'qui s'en vient
Ou ou ou on veut ton bien
Ou ou ou on veut ton bien
On veut t'aider à oublier
C'qu'on t'a raconté au passé
Laisse-toé traverser c'qui s'en vient
Ou ou ou on veut ton bien
Ou ou ou on veut ton bien
Le gourou ne t'laissera rien
Yelo Molo te tend la main »

© Les éditions La Pensée inc.

Tâche de l'élève : Réponds à la question suivante.

Quelles questions éthiques pourrais-tu formuler à la suite de l'écoute de cette chanson ?

____

____

____

____

____

____

Voici quelques définitions qui t'aideront à faire la distinction entre église et secte

Accolé au mot « religion », on trouve différents termes tels « église » et « secte ». Il importe de bien les distinguer. Voici d'abord leurs définitions respectives suivies d'un tableau visant à t'aider à bien saisir la différence entre ces deux concepts.

Église : Ensemble de fidèles chrétiens unis dans une communion particulière. Une structure institutionnelle encadre ces fidèles. Par exemple, le pape est le chef de l'Église catholique romaine. Toutefois, certains groupes religieux peuvent utiliser ce terme, même s'ils n'ont aucun lien avec le christianisme (ex.: Église de l'Unification).

Secte : L'étymologie du mot « secte » provient du terme latin *secare* qui signifie « sectionner », « couper », « séparer ». Pour certains, le terme secte peut aussi prendre son origine du mot latin *sequi* qui veut dire « suivre ». Donc, une secte est un mouvement qui se sépare de la doctrine officielle d'une religion établie. De plus, elle est souvent instaurée par un « maître » suivi de ses adeptes. Le terme *secte* a souvent une connotation péjorative. Pourtant, le christianisme était, à ses débuts, une secte juive.

Quelques chiffres

Au Québec, il y a environ 700 groupes religieux. De 3 % à 5 % de la population se sont convertis à l'une de ces voies alternatives; 75 % des adeptes sortent de leur groupe après 2,5 ans en moyenne. La plupart (soit 85 %) des anciens adeptes ont une vision positive de leur expérience[17].

[17] Selon Alain Bouchard, sociologue des religions.

 © Les éditions La Pensée inc.

Quels besoins comblent les NMR ?

- Ils comblent un besoin de chaleur humaine permettant de faire face à la domination des valeurs capitalistes.
- Ils donnent un sentiment d'appartenance à un groupe. Les adeptes sont souvent très proches les uns des autres, s'appellent «mon frère» ou «ma sœur». La fraternité est d'ailleurs un important facteur de conversion.
- Ils répondent à une crise d'identité.
- Ils donnent une vision positive de l'avenir, contrairement aux médias qui ne donnent généralement qu'une vision catastrophique du futur.
- Ils permettent de canaliser la contestation sociale. En effet, «entrer» dans un NMR, c'est sortir de quelque chose d'insatisfaisant.
- Dans certains cas, ils flattent aussi l'ego, car les membres ont le sentiment d'avoir été élus.

Portrait possible de l'adepte potentiel :

Il n'y a pas de portrait typique. Les adeptes d'un groupe proviennent aussi bien de classes sociales favorisées que de classes défavorisées. Ce sont des gens en quête de réponses à des questions existentielles, qui cherchent un sens à leur vie.

Il arrive que certains groupes comportent un risque de dérive sectaire, voici les critères de dangerosité.

- Rejet du monde extérieur au groupe.
  - Est-ce que les membres ont encore un contact avec leur ancien environnement, leur famille et leurs amis ?
  - L'accès à une littérature autre que celle du groupe est-il permis ?
  - Attention à l'embrigadement des enfants !
- Prosélytisme intense.
  - S'agit-il d'un prosélytisme intense, agressif, ne respectant pas la liberté d'autrui et n'acceptant pas les opinions différentes ?
- Engagement de plus en plus total.
  - Est-ce que l'adhésion requiert de plus en plus de temps ou de plus en plus d'argent ?
- Soumission totale à une autorité.
  - Il faut faire attention au rapport affectif avec le chef spirituel.
  - Est-ce que le guide agit comme s'il détenait une certaine autorité parentale ?
- Vérité incontestable.
  - L'accès à la vérité est-il simple, direct, et ne tolère-t-on aucun doute ni aucune pluralité ?

 © Les éditions La Pensée inc.

- Dérives sexuelles.
  - Est-ce que les membres du groupe doivent se soumettre à des pratiques sexuelles avec lesquelles ils sont inconfortables ?
- Dépendance financière.
  - Les adeptes ont-ils accès au budget ? Ont-ils un droit de parole relativement aux dépenses ?
  - Doivent-ils donner au groupe plus que ne l'exigent les besoins de l'organisation ?
  - Gardent-ils leur indépendance financière ?

Deux histoires pour réfléchir

Tâche de l'élève : Lis les textes suivants.

Histoire de Nadia

Nadia a 19 ans. Elle se sent souvent seule parce qu'elle est différente des autres. Elle ne sait pas encore qui elle est, mais elle sait par contre ce qu'elle ne veut pas être : une femme matérialiste, superficielle, comme tous les gens qui l'entourent. Un jour, elle rencontre une jeune femme différente, Annie, qui deviendra son amie. Cette dernière l'invite à une rencontre spirituelle où elle fait la connaissance d'autres jeunes avec de nombreuses valeurs comme les siennes : l'amitié, l'environnement, la paix. Ces gens croient en une force spirituelle qui peut nous aider à changer le monde et à devenir meilleurs. Alors que Nadia était découragée par l'avenir de la planète, ce groupe lui parle d'espoir. Elle a enfin l'impression d'être quelqu'un, de savoir qui elle est, d'être acceptée et aimée, d'avoir été choisie. Les autres personnes du groupe et elle forment une famille d'adoption. Elle apporte une contribution financière raisonnable au groupe, mais elle sait où va l'argent (payer le local, financer certaines activités). Ses anciennes amies la mettent de côté, trouvant sa nouvelle religion étrange. Elles lui disent qu'elle ne devrait pas donner d'argent à son groupe, mais Nadia remarque qu'elles dépensent souvent plus en cinéma et vêtements de marque, parfois même sans en retirer de réelle satisfaction. Elle considère que, pour tout le bien-être qu'elle tire des moments passés avec son groupe, cela vaut la peine.

Histoire de Philippe

Il y a quelques mois, Philippe a rencontré les membres de son groupe. Comme lui, ils contestent une société qu'ils considèrent comme dépravée. Depuis lors, il a graduellement coupé les liens avec sa famille et ses amis. Les membres de son mouvement habitent tous ensemble dans un environnement qu'ils considèrent comme plus sain. Il a rapidement développé un fort sentiment d'appartenance à son groupe et appelle les autres membres « mon frère », « ma sœur ». Tous les adeptes mettent leur argent en commun sous la responsabilité du chef qui affirme que c'est pour le bon fonctionnement du groupe. Chaque semaine, il passe une quinzaine d'heures à essayer de convaincre les gens dans les centres commerciaux de changer leurs habitudes, qu'il considère sataniques, pour se tourner vers LA vérité. Alors que Philippe était une personne curieuse qui lisait sur différents sujets, il ne consulte maintenant plus rien d'autre que les écrits du chef spirituel de son groupe, considérant tout le reste comme impur. Il est d'ailleurs totalement dévoué, voire soumis, à son chef, puisque ce dernier représente l'Être Suprême.

 © Les éditions La Pensée inc.

Tâche de l'élève : Réponds aux questions suivantes.

1. Qui, de Nadia ou de Philippe, se trouve dans un groupe présentant les symptômes d'un danger potentiel?

   ____

2. Trouve les besoins de Nadia et de Philippe qui sont comblés par leur groupe respectif et justifie ton choix.

   ____

   ____

   ____

3. Trouve quelques critères de dangerosité dans le groupe de Philippe et justifie ton choix.

   ____

   ____

Une typologie des NMR et quelques exemples

Voici une typologie, proposée par le sociologue des religions Alain Bouchard :

1. La famille chrétienne;
2. La famille orientale;
3. La famille scientifique;
4. La famille ésotérique.

1. La famille chrétienne

La famille chrétienne englobe les groupes se rapportant à la Bible chrétienne. Cette religion se voulant la plupart du temps centralisatrice, elle s'est rapidement fragmentée. En plus des différentes confessions (voir tableau p. 155-156) on trouve une multitude de groupes. Tous ont en commun la Bible comme livre de référence. Cependant, les différences sont grandes entre les interprétations qui en sont faites. De plus, les mormons (Église de Jésus-Christ des Saints des Derniers Jours) ont un livre supplémentaire qui se nomme *Le Livre des mormons*, qui constitue une troisième révélation après l'«Ancien» et le «Nouveau» Testament.

Quelques exemples de groupes :

- Les Témoins de Jéhovah;
- Les Adventistes du Septième Jour;
- Les pentecôtistes;
- Les mormons, l'Église de Jésus-Christ des Saints des Derniers Jours. Il est intéressant de noter que ce groupe est considéré en France comme une secte et aux États-Unis comme une religion.

© Les éditions La Pensée inc.

Les Témoins de Jéhovah

Mélanie Dubois

Leur livre sacré est la Bible. Selon eux, Jésus n'est pas Dieu. Ils ne croient pas non plus à l'Esprit saint. Ils rejettent donc la doctrine de la Trinité. Dieu aurait plutôt eu deux fils: Jésus et Lucifer. Il y aura un combat entre eux et Jésus l'emportera. Il n'y a pas de pratiques religieuses, mais l'on devient «colporteur de Dieu». Une de leurs caractéristiques est de recourir aux tribunaux et d'avoir ainsi fait définir et progresser le sens de liberté religieuse au Québec.

L'objectif premier d'un Témoin de Jéhovah est de bien comprendre la Bible. Les rites chrétiens sont rejetés comme des rites païens. Ils ne célèbrent donc pas la fête de Noël ni d'anniversaire de mariage. Même les rites funéraires sont séculiers.

2. La famille orientale

La famille orientale inclut tout ce qui se rapporte aux traditions venues d'Asie. Si, au tournant des XVIIIe-XIXe siècles les philosophes et les intellectuels se sont laissé séduire par les premières traductions des textes de sagesse orientaux, c'est dans les années 1960 que l'on peut parler d'un phénomène populaire. Yoga, arts martiaux, mantra (formule que l'on répète mécaniquement, qui a pour but la libération du cercle vicieux des réincarnations et dont l'âme se nourrit), méditation et réincarnation sont les éléments les plus connus de cette famille.

Quelques exemples de groupes :

- La Soka Gakkai;
- L'Association internationale pour la conscience de Krishna;
- Brahma Kumaris.

Les dévots de Krishna

«Hare Krishna, Hare Krishna, Krishna, Krishna, Hare, Hare, Hare Rama, Hare Rama, Rama, Rama, Hare, Hare.»

Les dévots de Krishna sont des personnes qui ont décidé de vouer leur vie à servir leur dieu: Krishna. Parmi leurs rituels quotidiens, citons la récitation du mantra ci-dessus. Les dévots doivent le répéter 1728 fois par jour. Pour ce faire, ils utilisent un chapelet de 108 grains qu'ils doivent parcourir 16 fois. Pour une

Mélanie Dubois

Un dévot qui se prosterne devant la divinité pour lui rendre hommage.

Dévote qui rend hommage au dieu Krishna et à sa femme avec de l'encens.

personne habituée, ce rituel prend environ deux à trois heures. Le mantra comprend en fait les trois grands noms divins de l'hindouisme. Hare désigne *Vishnu*, Krishna l'*Infiniment fascinant Seigneur* et Ramala *Source de toutes les joies*. Le but de cette récitation est d'atteindre la plénitude de l'amour de Dieu.

Le mode de vie des dévots de Krishna vivant au Temple ressemble à celui des moines chrétiens. On se lève aux petites heures du matin pour se laver et on assiste à une cérémonie commune. Tous les matins, on habille une effigie de Krishna, puis on lui offre le déjeuner qui sera pris plus tard par les dévots. Les dîners sont souvent pris avec des visiteurs de l'extérieur. Les repas sont végétariens et sans café ni thé. L'après-midi, il y a des études collectives du texte sacré, la Bhagavad Gita, et tous les dimanches, une grande cérémonie avec de la danse est ouverte aux croyants ne vivant pas au Temple. Un grand festin est alors organisé.

En ce qui a trait à l'habillement, ils se rasent les cheveux et s'habillent d'une robe blanche ou de couleur pêche, même les hommes. On peut parfois les apercevoir dans la rue dansant et chantant leur mantra, distribuant des tracts également. Il s'agit pour eux de servir Krishna de cette manière et de faire du prosélytisme, mais aussi de servir d'exemples.

3. **La famille scientifique**

La famille scientifique inclut les religions proposant une approche empirique du surnaturel. La science est de nos jours sacralisée et permet l'émergence de nouvelles religions. La religion a des prétentions scientifiques. La science a remplacé la religion comme force régulatrice et comme source de légitimation. Il ne faut donc pas s'étonner que la religion à caractère scientifique soit dans l'air du temps.

Quelques exemples de groupes :

- Le Mouvement raëlien;
- L'Église de scientologie;
- L'Association des chercheurs en sciences cosmiques du Québec.

© Les éditions La Pensée inc.

Le Mouvement raëlien

Le fondateur du Mouvement raëlien s'appelle Claude Vorhilon. Il naquit en France le 30 septembre 1946. Selon lui, sa mère aurait été enlevée par des extraterrestres appelés Elohim et inséminée artificiellement. Ainsi, il serait un croisement d'humain et d'extraterrestre. Les Elohim auraient pris soin d'effacer de la mémoire de sa mère toute trace de cet événement.

Le jour de ses 27 ans, alors qu'il est allé se promener dans une région montagneuse de la France nommée Puy-de-Lassolas, il fait une rencontre inoubliable: des petits hommes verdâtres d'environ 1 m 20 qui se promènent en soucoupe volante. Il rencontre ces êtres pendant six jours, afin de recevoir la vérité sur l'origine de l'espèce humaine. À la suite de cette rencontre, les Elohim récidivent deux ans plus tard et l'amènent sur leur planète. Durant ce voyage, il rencontre tous les prophètes (Jésus, Muhammad, etc.) et les Élus (personnes recréées grâce à leur code génétique). Il apprend alors qu'il est le demi-frère de Jésus et que celui-ci avait aussi été envoyé par les extraterrestres.

Dès la première rencontre, Raël diffuse les secrets qui lui ont été révélés. Il publie *Le livre qui dit la vérité* en 1973, où il décrit sa première rencontre avec un Elohim et le contenu de son message. Un an plus tard, il fonde le Mouvement raëlien et s'y consacre à plein temps. La mission des raëliens se résume à accueillir les Elohim (construire une ambassade) et répandre leur message en attendant leur retour.

Pour les raëliens, le Dieu monothéiste unique (judaïsme, christianisme, islam) n'existe pas. Nous n'avons pas un créateur, mais des créateurs : les extraterrestres, les Elohim, venus d'une lointaine planète. De plus, selon les raëliens, les prophètes comme Bouddha, Moïse, Jésus, Muhammad sont les messagers des Elohim. Ils ont été envoyés pour nous faire part de leur existence. Ainsi, Raël affirme être le dernier des prophètes.

Notre origine:
Il y a 25 000 ans, les Elohim ont découvert l'ADN et ont commencé à créer des formes de vie en laboratoire. Technologiquement, ils sont en avance de 25 000 ans sur nous. Ils savent manier l'ADN pour créer des êtres vivants et c'est ainsi qu'ils ont créé les plantes, les animaux et les êtres humains. Les Elohim ont ensuite décidé d'envoyer leurs créations sur une autre planète où les conditions permettraient à ces nouvelles formes de vie de se développer. Ils ont choisi la Terre.

Que doivent faire les raëliens:
- Ils doivent méditer: «Tu penseras au moins une fois par jour aux Elohim tes créateurs.»
- Ils doivent parler des Elohim: «Tu chercheras par tous les moyens à faire rayonner autour de toi le message des Elohim.»

 © Les éditions La Pensée inc.

- Ils doivent aider financièrement le mouvement en faisant don d'au moins un centième de leurs revenus (ça peut aller jusqu'à 3 % ou même 10 % sans compter les coûts des stages et des conférences), afin d'aider la diffusion du message.
- Ils ne doivent pas laisser d'héritage à qui que ce soit (sauf le domicile familial qui va aux enfants). Leurs biens doivent aller au mouvement et aux guides.
- Ils doivent apostasier, c'est-à-dire renier leur ancienne religion.
- Dans leurs dernières volontés, ils doivent demander le prélèvement d'un cm² de leur os frontal. Celui-ci sera envoyé au siège du Mouvement raëlien et permettra aux adeptes d'être recréés lorsque l'humanité sera assez avancée technologiquement.

4. La famille ésotérique

«Nous considérons l'ésotérisme comme une démarche spirituelle, qui propose de découvrir derrière la façade apparente des choses, un réseau de signes révélateurs d'un cosmos vivant auquel participe l'être humain. En décryptant ce message, avec une approche analogique de la réalité, l'être humain peut ainsi réaliser la fusion du moi et de l'Univers[18].»

Quelques exemples de groupes :
- La franc-maçonnerie;
- L'organisation de la Rose-Croix;
- L'Ordre du Temple Solaire;
- Le Nouvel Âge;
- Les wiccans (sorcières).

Les wiccans

Pour comprendre le phénomène des sorcières, tu dois mettre de côté toutes les images que tu as d'une femme au teint vert volant sur son balai. Les sorcières sont des femmes comme les autres dans leur vie quotidienne. Elles ont cependant une vie spirituelle, croyant à la magie blanche, à la réincarnation ou simplement aux pouvoirs des plantes (dans le but de guérir ou pour jeter des sorts amoureux par exemple).

Les sorcières actuelles se rattachent souvent à toutes celles qui ont été brûlées sous l'Inquisition (certains parlent d'un million de victimes, des païens, mais aussi des hérétiques, des juifs et bien d'autres). En réalité, il est historiquement prouvé que la wicca est plutôt un mouvement magico-religieux qui vient de l'Angleterre et qui a été popularisé au milieu du XXe siècle.

Le calendrier wiccan comporte 21 cérémonies. Il est basé sur la nature. Parmi les pratiquantes solitaires, certaines se réunissent tout de même les soirs de pleine lune ou lors des solstices pour des cérémonies de groupe.

---

[18] BOUCHARD, Alain. «L'ésotérisme ça change pas le monde sauf que… *Ésotérisme et dynamique de changement social,*» *Ouvertures*, 9, hiver 1999, p. 6-7.

© Les éditions La Pensée inc.

Autel wiccan.

Il n'y a pas de dogmes et la wicca n'est pas encore institutionnalisée. Toutes les notions (religieuses ou philosophiques) sont acceptées dans la mesure où elles respectent le principe de la liberté individuelle. Une loi semble être commune à l'ensemble des pratiquantes : il s'agit de la loi du triple retour (tout ce que nous faisons, de bien ou de mal, nous revient trois fois).

Le mouvement est surtout formé de femmes, mais on y trouve aussi des hommes. Certains adeptes pratiquent en solitaire, alors que d'autres se réunissent en groupe (*coven*). Il y a de nos jours des réunions de wiccans à Montréal.

 © Les éditions La Pensée inc.

Nom : ______________________________ Groupe : ________

Fiche : Activité d'intégration

Tâche de l'élève : Réponds à la question suivante.

Maintenant que tu as effectué ce tour d'horizon sur les NMR, ta réflexion sur la question suivante a-t-elle changé ?

Quelle est, selon toi, la meilleure attitude à adopter envers les nouveaux mouvements religieux ? Une attitude de tolérance, d'intolérance ou d'indifférence ?
Explique ce qui t'a fait changer d'idée ou ce qui a consolidé ton opinion.

© Les éditions La Pensée inc.

Évaluation de la question d'intégration	
Pratiquer le dialogue	
Pertinence et quantité suffisante de traces écrites de l'organisation de sa pensée. • Trouve et définit les éléments qui constituent l'objet du dialogue. • Fait référence à son environnement, à des connaissances ou à ses expériences personnelles pour mieux saisir l'objet du dialogue. • Sélectionne les éléments essentiels qui constituent un point de vue (arguments, sentiments, croyances, faits, etc.). • Évalue des éléments importants qui constituent un point de vue.	
Utilisation adéquate des éléments de contenu relatifs à l'interaction avec les autres. • Exprime son point de vue à l'écrit. • Exprime des arguments dans une suite logique, sans contradiction les uns avec les autres et en lien avec le sujet traité (cohérence et pertinence). • Exprime son point de vue à l'aide de moyens appropriés (la description, la comparaison, la justification, etc.). • Sélectionne les points de vue essentiels à interroger.	
Présentation d'un point de vue élaboré à partir d'éléments pertinents, cohérents et en quantité suffisante. • Détermine ce qui doit être approfondi ou clarifié dans les points de vue. • Crée une première version d'un point de vue. • Explique comment son point de vue s'est modifié ou consolidé.	
TOTAL	

Échelle d'appréciation				
A Très satisfaisant	B Satisfaisant	C Passable	D Insatisfaisant	E Nettement insatisfaisant

 © Les éditions La Pensée inc.

La rencontre de deux mondes: l'art et la religion

Sans titre (1973) de Karoo Ashevak, MBAM.

L'Annonciation (1900) de Mary Alexandra Bell Eastlake, MBAM.

Vitraux de l'église du Très-Saint-Nom-de-Jésus.

Masque cérémoniel des Yaka et des Zombo, MBAM.

© Les éditions La Pensée inc.

La religion est une dimension importante chez l'être humain. Il a souvent cherché à la représenter ou à l'exprimer de différentes façons. L'art est un biais privilégié pour décrire l'inexplicable. Que ce soit par l'architecture, la peinture, la sculpture, la musique ou le chant, l'artiste tente de rendre compte de sa foi, de son expérience religieuse, de rendre gloire à son ou à ses dieux, ou il souhaite simplement créer une ambiance de recueillement. Pour ce faire, les symboles sont fort utiles puisqu'ils permettent à l'artiste de communiquer son message de manière allégorique.

Au cour de ce *Dialogue* tu seras amené ou amenée à découvrir le monde des symboles, pour ensuite visiter quelques lieux sacrés ainsi que des œuvres d'art à caractère religieux. Enfin, tu devras, à ton tour, faire une recherche sur une œuvre d'art de ton choix, afin d'en comprendre la signification et d'interpréter le symbolisme religieux. À la suite de ta recherche, tu réaliseras collectivement un musée religieux que toi et les autres élèves de la classe visiterez.

Le monde des symboles

Le symbole a une signification pour les gens qui l'utilisent ou le regardent. Il fonctionne par analogie, il renvoie à l'original (à quelqu'un ou à quelque chose) et il est multipliable à l'infini. Par exemple, la croix renvoie à la crucifixion de Jésus. De nombreuses représentations de la croix renvoient les chrétiens à la croix originale sur laquelle Jésus est mort. Dans la foi chrétienne, elle signifie donc le sacrifice accepté par le «fils de l'homme» pour enlever le péché du monde. Un drapeau national est un autre exemple de symbole. Pour certains, il s'agit d'un symbole de fierté.

Trouve des exemples de symbole:

____

____

«Le symbole permet de représenter en image une réalité qui va bien au-delà de celle-ci et qui est souvent difficilement exprimable dans sa totalité. Par exemple, une rose offerte (une fleur prise comme symbole) peut vouloir dire «je t'aime» (un sentiment complexe à exprimer, qui va bien au-delà de la rose offerte, mais qui l'exprime à la personne aimée). Un autre exemple nous vient de la religion taoïste. Nous connaissons tous le fameux symbole du paradoxe et de la complémentarité. En effet, le taiji chinois représente l'union du yang (clair, masculin, céleste) et du yin (sombre, féminin, terrestre). Il représente l'équilibre des contraires pour que puisse en émaner le monde des formes. L'un ne peut exister sans l'autre, dont il porte en lui l'essence ou l'embryon, chacun pouvant se transformer en l'autre. Il traduit une intéressante vision du monde et de la condition humaine[19].»

[19] DANSEREAU, Jean, et Jean GADBOIS. *Le phénomène religieux La rencontre de l'être humain avec le sacré*, Montréal, les éditions La Pensée inc., 2002, p. 35.

 © Les éditions La Pensée inc.

L'art utilise beaucoup les symboles divers. Connaître leurs significations nous permet de pouvoir mieux apprécier une œuvre. On retrouve des symboles tant dans l'architecture que dans la peinture, le dessin, la sculpture, la littérature, le théâtre et même dans la danse.

Le drapeau du Québec :

Rien n'est laissé au hasard lorsque vient le temps de se choisir un drapeau. Savais-tu que la croix blanche que l'on retrouve sur le nôtre signifie l'attachement au christianisme ? Que le bleu azur est associé à la fidélité et à la persévérance ? Et finalement que la fleur de lys est un symbole de la monarchie française ?

La croix du Mont-Royal :

C'est la Société Saint-Jean Baptiste qui est à l'origine de cette célèbre croix. La croix est évidemment un symbole religieux, mais les couleurs choisies pour l'éclairer sont aussi symboliques. Le pourpre représentant le deuil dans la liturgie, on la mit de cette couleur lors du décès des papes Pie XII, Jean-Paul Ier et Jean-Paul II. Lors des festivités de la Saint-Jean en 1975, elle était illuminée en bleu, et en rouge lors d'une marche pour le sida dans les années 1980.

© Les éditions La Pensée inc.

Nom: ______________________________ Groupe: ________

Fiche: Les symboles

Tâche de l'élève: La première partie de cette activité se fait individuellement. Tu dois associer chaque symbole à une définition ou à une explication. Il y aura ensuite une mise en commun.

1- Ce révolutionnaire cubain a terminé ses études en médecine en 1953. En 1955, Fidel Castro et lui se liguent pour renverser le dictateur cubain Fulgencio Batista. En 1959, Castro accède au pouvoir, il se voit, dans un premier temps, mit à la tête de la réforme agraire puis de la Banque centrale de Cuba. Il quitte Cuba en 1965, se rend au Congo pour tenter de faire la révolution en sol africain, mais il échoue. L'année suivante, il se rend en Bolivie où se prépare la guérilla. Il meurt assassiné en 1967. Il est un symbole du refus du capitalisme et de l'impérialisme américain. Il serait sans doute révolté d'être devenu un produit de consommation. ______________________

2- C'est le symbole du sacrifice du Christ pour enlever le péché du monde. ________

3- C'est le symbole du nazisme. Lors de la Deuxième Guerre mondiale (1939-1945), plus de cinq millions de Juifs ont été assassinés dans des conditions inhumaines. Les autres ont été déportés. Les Juifs étaient alors considérés comme de la vermine et «du matériau». On a parfois falsifié de l'isolant à partir de leurs cheveux et, paraît-il, fait du savon avec leur graisse. ______________________________

4- C'est le symbole d'un empire commercial et d'un célèbre magazine qui a fait sa fortune en exploitant le corps féminin comme s'il n'était qu'un objet de désir. ________

5- C'est le signe de la paix, utilisé pour une campagne de publicité. __________

6- Le mot anarchie vient du grec *anarkhia* qui signifie «sans gouvernement». Il s'agit d'un projet social selon lequel il ne faudrait pas de gouvernement ni de lois du marché pour asservir la population. Mais il ne s'agit pas pour autant d'instaurer le chaos dans la société, comme on le croit souvent à tort. Il s'agit plutôt de ne pas vivre uniquement pour le profit et d'introduire de nouvelles manières de vivre en société. Pour beaucoup, l'anarchie veut dire liberté, égalité, fraternité et vraie justice. ______________

7- C'est la croix des raëliens. ______________________________

8- «On sait que ce signe — huit inversé ou anneau de Moebius — est, en sciences et en mathématiques, le symbole de l'infini. On sait peut-être également qu'il fut, au XIXe siècle, l'emblème choisi par Louis Riel pour représenter le peuple métis et ses

 © Les éditions La Pensée inc.

aspirations. L'idée même d'«infini» n'a jamais cessé de hanter l'imaginaire des humains, leur soif inépuisable de connaissance, leur quête inassouvissable de spiritualité et de sagesse.»[20]

____

9- Rouge, ce symbole est celui de la lutte contre le sida ainsi que de tous les préjugés liés à cette maladie. Lorsqu'il est rose, il symbolise la lutte contre le cancer du sein. Enfin, lorsqu'il est blanc, il est le symbole du refus de la violence conjugale faite aux femmes. Cette dernière initiative est celle d'hommes du Québec et de l'Ontario qui soutenaient que les femmes ne devraient pas être les seules à s'élever publiquement contre la violence faite aux femmes.

____

10- Il s'agit d'un symbole religieux juif. Il se trouve aujourd'hui sur le drapeau d'Israël. Les nazis obligeaient les Juifs à le porter en permanence pour que tous sachent qu'ils étaient juifs. _______________________________

11- C'est le symbole de la lutte des patriotes. Il est, depuis quelques années, un symbole de lutte utilisé par les indépendantistes. _______________________

[20] Site Internet du département des sciences religieuses de l'UQAM.

© Les éditions La Pensée inc.

Visite de lieux sacrés et de leurs œuvres d'art

Le patrimoine québécois abonde en lieux sacrés qui regorgent à leur tour d'œuvres d'art de toutes sortes. En fait, ces lieux mêmes sont souvent des œuvres d'art architecturales. Il est intéressant de s'attarder aux œuvres religieuses, puisqu'elles contiennent de nombreux symboles et significations. Dans cette section, tu auras la chance de découvrir quelques-uns de ces lieux.

Chapelle de Tadoussac

Aussi appelée chapelle des Indiens, elle fut construite de 1747 à 1750 par les missionnaires jésuites. Elle est la plus ancienne église en bois en Amérique du Nord. L'objectif de ces missionnaires était l'évangélisation des Montagnais.

Mélanie Dubois

Mélanie Dubois

Mélanie Dubois

L'intérieur de la chapelle est en bois ainsi que le chœur, lieu où est habituellement situé l'autel. On y voit aussi un lustre en bois sur lequel on déposait des chandelles, afin d'éclairer l'assemblée.

Sur les murs, on peut voir diverses toiles et statues, dont cette croix peinte sur un tissu, symbole du christianisme, et la statue de sainte Anne, mère de Marie et grand-mère de Jésus. On retrouve souvent sainte Anne dans les églises qui avaient pour objectif l'évangélisation des Amérindiens, puisqu'elle est considérée comme leur patronne.

Basilique Sainte-Anne-de-Beaupré

Construite de 1923 à 1934, cette église est dédiée à la mère de Marie : Anne. Cependant, ce sanctuaire existe depuis plus de 350 ans et est un lieu de pèlerinage pour plus d'un million et demi de personnes chaque année. Il s'agirait d'un des lieux de pèlerinage les plus anciens en Amérique du Nord. (http://www.ssadb.qc.ca)

 © Les éditions La Pensée inc.

Mélanie Dubois

Mélanie Dubois

On peut y voir entre autres des statues de sainte Anne comme celle ci-dessus. On reconnaît Anne à son âge; elle semble âgée, elle a des rides. Selon la tradition, elle aurait vécu la maternité de façon tardive. On la reconnaît aussi à son doigt levé, représentant l'éducation qu'elle donne à sa fille Marie: une formation à la vertu et à l'innocence selon la croyance. Elle serait aussi la patronne de l'éducation chrétienne. Marie semble docile, avec ses mains en prière. On reconnaît Marie dans les bras de sa mère par la couleur de sa tunique, le bleu clair; couleur la représentant. Toutes deux portent une couronne, symbole de leur royauté.

Comme nous l'avons mentionné plus haut, sainte Anne est la patronne des Amérindiens. C'est vraisemblablement pour cette raison qu'on retrouve cette magnifique fresque de l'évangélisation de ce peuple dans l'une des chapelles de l'église.

Mélanie Dubois

Une fresque représentant la Sainte Famille, c'est-à-dire Jésus, considéré comme le fils de Dieu pour les chrétiens, Marie sa mère et Joseph son père «terrestre» est présentée à la page suivante. Tu remarqueras que Joseph est présenté comme un vieil homme. Dans l'iconographie, il apparaît souvent ainsi, barbu et robuste. Pourtant, il n'y a aucune description de Joseph dans les Évangiles. Selon Aldina da Silva, c'est sans doute pour

© Les éditions La Pensée inc.

conserver la virginité de Marie. Selon les catholiques, Marie est demeurée vierge toute sa vie. Il est plus plausible pour une jeune femme de demeurer vierge si elle est mariée à un vieillard qu'à un jeune homme. Ce n'est pas par hasard que l'artiste a peint la tunique de Jésus en blanc. Le blanc est le symbole de la pureté par excellence. Il représente aussi la lumière divine, le transcendant, la sainteté et la spiritualité. Aujourd'hui, la robe liturgique du pape est blanche. Au-dessus de la Sainte Famille, une colombe, représentation de l'Esprit saint. La colombe entoure la famille d'une flamme blanche. Dans l'Ancien Testament, le feu est le signe d'une théophanie, c'est-à-dire d'une apparition de Dieu. Dans le Nouveau Testament, le feu représente l'Esprit saint. On peut donc dire que la Trinité (Père, Fils, Esprit) est présente dans cette fresque. Enfin, le fond de la fresque est peint en bleu, couleur des dieux et symbole de spiritualité, de royauté, de vérité et de sagesse. Selon Luther, le bleu est la plus chrétienne des couleurs.

Mélanie Dubois

Voici une magnifique œuvre représentant Marie affligée par la douleur. Elle tient dans ses bras son fils Jésus mort sur la croix, juste avant sa mise au tombeau. Le thème de la *pietà* (de la Vierge douloureuse) a fait l'objet de nombreuses œuvres (sculpture, peinture…) tout comme celle de la Madone (Vierge avec l'enfant Jésus). Celle-ci est une reproduction de la sculpture de Michel-Ange datant de 1498-1500. L'original a été sculpté dans un bloc de marbre et se trouve au Vatican.

 © Les éditions La Pensée inc.

Église du Très-Saint-Nom-de-Jésus

Cette église, située dans le secteur Hochelaga-Maisonneuve à Montréal, a été construite de 1903 à 1906. Cette magnifique église abonde d'œuvres d'art de toutes sortes. Tout d'abord, on peut remarquer les deux énormes clochers recouverts de cuivre. Les cloches sont très importantes dans la tradition chrétienne puisqu'elles marquent les moments importants dans la vie du croyant (mort/funérailles, mariage, baptême, eucharistie, etc.). Elles sont aussi utilisées pour convoquer les chrétiens aux offices et autres actes religieux, il s'agit donc d'un symbole de rassemblement. Lorsqu'elles se taisent, c'est que l'espoir sombre. Selon une croyance populaire, les cloches des églises s'envoleraient vers Rome le Jeudi saint et reviendraient le Samedi saint. En réalité, on ne sonne pas les cloches durant ces trois jours de mise au tombeau de Jésus. À leur retour, elles déposeraient des bonbons dans le jardin des enfants sages.

L'architecture de cette église est tout à fait impressionnante. Remarque les nombreuses fresques sur les murs et les voûtes du plafond. Elles furent peintes entre 1914 et 1918 par Toussaint-Xénophon Renaud. Au fond, on peut voir le chœur, ainsi qu'une partie de l'orgue. Regarde la couronne surmontée d'une croix illuminée. Comme nous l'avons mentionné auparavant, la couronne symbolise la royauté et la croix est le symbole des chrétiens; Jésus est mort sur la croix. Cette couronne évoque pour les catholiques la royauté, la domination de Jésus sur toute la création. Selon les attentes messianiques, à l'époque de Jésus, le Messie sortirait de la lignée de David. David a été un grand roi qui a gouverné le royaume d'Israël. Pour les chrétiens, Jésus est le Messie.

Dans le chœur de l'église (voir la photo suivante), une statue de Jésus et du Sacré-Cœur. Le culte du Sacré-Cœur est apparu vers le XIIe siècle, mais s'est répandu au XVIe siècle. De nos jours, on célèbre la fête du Sacré-Cœur de Jésus. Dans le christianisme, le cœur est le siège de l'amour

© Les éditions La Pensée inc.

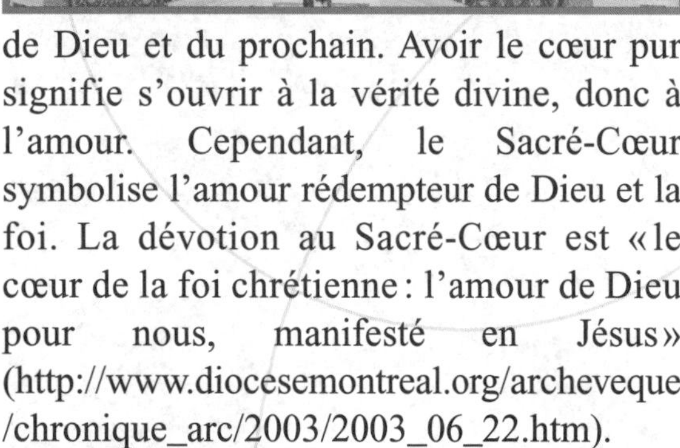

de Dieu et du prochain. Avoir le cœur pur signifie s'ouvrir à la vérité divine, donc à l'amour. Cependant, le Sacré-Cœur symbolise l'amour rédempteur de Dieu et la foi. La dévotion au Sacré-Cœur est « le cœur de la foi chrétienne : l'amour de Dieu pour nous, manifesté en Jésus » (http://www.diocesemontreal.org/archeveque/chronique_arc/2003/2003_06_22.htm).

Tu remarqueras que Jésus est vêtu de rouge. Pour l'Église catholique, le rouge est la couleur de l'habit des martyrs. À l'époque médiévale, on utilisait le rouge pour les vêtements du Christ. Aujourd'hui, le rouge est la couleur de la robe liturgique des cardinaux.

Voici de magnifiques objets de culte, de véritables œuvres d'art; ils sont souvent fabriqués en or ou en argent et parfois incrustés de pierres précieuses. Lors de l'Eucharistie, ces objets rappellent le dernier repas que Jésus a eu avec ses disciples (table, pain et vin), ainsi que sa mort et sa résurrection. Pendant l'Eucharistie, le prêtre verse le vin dans la coupe qu'on appelle calice. Au moment de la consécration, le vin deviendra le sang du Christ. Le vin peut aussi symboliser la vie sacrifiée de Jésus ainsi que la dimension de la fête, puisque l'Eucharistie rassemble la communauté dans la célébration d'un repas. À côté du calice, se trouve le ciboire. Il s'agit d'un vase muni d'un couvercle qui sert à conserver les hosties consacrées (pain). Lors de la consécration, le pain devient le corps du Christ. Sur l'autel (table), on retrouve aussi deux chandeliers. La lumière est un symbole important, puisqu'elle évoque la vie : le Christ ressuscité. On peut aussi la voir comme la lumière qui éclaire et qui donne à connaître la bonne nouvelle. Pour les chrétiens,

 © Les éditions La Pensée inc.

l'Eucharistie est donc un sacrifice de nourriture sur un autel, rappelant le sacrifice symbolique du Christ sur la croix.

L'orgue de l'église du Très-Saint-Nom-de-Jésus est vraiment spécial; il s'agit d'un monument historique. C'est un orgue Casavant. Casavant est une importante maison de fabrication d'orgues au Canada. L'installation de cet imposant instrument fut terminée en 1915. À cette époque, il était le plus grand orgue de Montréal. Aujourd'hui, il se classe parmi les instruments les plus puissants de notre continent. La musique est très importante dans l'office religieux et la liturgie. On l'appelle musique sacrée. Celle-ci permet de se mettre dans un état de recueillement, de méditation ou de prière. De grands compositeurs classiques ont écrit de la musique religieuse. Par exemple, Mozart et son célèbre *Requiem*.

Mélanie Dubois

Enfin, la plupart des églises catholiques ont des verrières, appelées aussi vitraux. Ceux de l'église du Très-Saint-Nom-de-Jésus proviennent de la maison française Gaston Vennat située à Limoges, et ont été installés en 1915. Les vitraux sont en fait les Écritures saintes mises en images. À une certaine époque, l'éducation n'étant pas accessible à tous, une bonne partie de la population ne savait ni lire ni écrire. Ces vitraux permettaient donc aux analphabètes de comprendre des scènes à caractère liturgique ou apostolique. Les vitraux auraient aussi pour fonction de chasser le mal et de transformer la lumière du soleil en lumière divine. Cette rosace que tu vois ici personnifie sainte Cécile, patronne des musiciens. Ce n'est pas par hasard si cette verrière est située près du grand orgue et qu'autour de sainte Cécile sont disposés des personnages jouant des instruments de musique. De plus, tu remarqueras quatre croix qui sont disposées de façon à former une plus grande croix; symbole par excellence du christianisme.

Le symbolisme dans l'art n'est pas seulement propre au christianisme, mais il se retrouve dans toutes les formes d'arts et rituels religieux. Voici deux exemples pris dans d'autres traditions.

Mélanie Dubois

© Les éditions La Pensée inc.

Les spiritualités amérindiennes

Un bel exemple de symbiose entre art et religion se trouve dans les totems. D'une grande beauté et souvent impressionnants, les animaux représentés symbolisent le lien entre leur esprit et un lieu, une nation ou un individu. L'animal totémique, qui protège et guide l'humain, est attribué soit par un conseil de tribu soit lors d'une vision. L'humain s'approprie également des caractéristiques propres à son animal. Par exemple, l'ours symbolise la protection, le loup la famille et l'endurance, l'aigle l'autorité et la tortue la sagesse et la tolérance.

Le mandala et le rangoli

L'art du mandala est une pratique sacrée que l'on retrouve dans l'hindouisme et dans le bouddhisme. L'étymologie du terme vient du sanskrit et signifie simplement «cercle». Ces cercles peuvent sembler décoratifs ou abstraits, mais ils possèdent en fait des fonctions rituelles et toutes les formes et couleurs que l'on y retrouve sont des symboles importants. Sa fabrication est précédée d'une longue initiation et est minutieusement exécutée selon des normes très strictes. Le mandala peut être peint sur une toile ou effectué sur le sol à l'aide de sables de couleur. Un aspect indissociable du mandala est le mantra (formule sacrée répétée par le fidèle). Sans lui, les diagrammes colorés n'ont pas de puissance rituelle, c'est-à-dire qu'ils demeurent dans le monde profane.

Le mandala est en premier lieu une représentation symbolique de l'Univers servant à la méditation. Dans certaines traditions, lorsque le mandala est dessiné sur le sol, il devient la «demeure» de la divinité à qui il est destiné. Cette dernière «descendra» dans son centre à la fin du rituel. Dans le bouddhisme tantrique, le centre est la demeure de Bouddha.
Peut-être as-tu déjà vu ces images de moines tibétains effectuant une grande «roue du temps» pour ensuite la détruire ? En effet, suite à une très longue période de temps consacrée à sa construction, il est appelé à être dispersé dans l'eau dans le but de rappeler le côté éphémère de la vie.

Semblable au mandala, les rangolis protègent la famille ou les lieux sacrés. Ce sont des dessins que les femmes effectuent quotidiennement à l'aide de poudre blanche (calcaire ou riz) sur le seuil des maisons ou sur le sol des temples. Les rangolis se transmettent de mère en fille. On en voit un bel exemple dans la photo ci-contre.

Voici un magnifique rangoli.

 © Les éditions La Pensée inc.

Visite d'un musée religieux

Tu dois faire une recherche sur une œuvre d'art à caractère religieux (architecturale, picturale, littéraire, musicale…). Tu peux choisir une œuvre dans n'importe quelle religion. Tu dois néanmoins faire approuver ton choix.

Étape 1 Recherche

Faire une recherche sur une œuvre d'art en équipe de deux ou trois.

Étape 2 Faire une affiche

À la suite de votre recherche, vous devez synthétiser les informations trouvées sur une affiche. Voici les informations que devra contenir votre affiche :

- Une **photo ou une image** de votre sujet (vous pouvez aussi dessiner votre sujet);
- À quelle **tradition** il appartient ;
- Expliquer son **utilité** ;
- Expliquer les **symboles** qui s'y rattachent et leurs **significations** ;
- À l'endos de votre affiche, indiquer vos sources.

Étape 3 Visite du musée des religions (travail individuel)

Les affiches seront exposées dans la classe. Visite les différentes œuvres et choisis-en une qui t'intéresse particulièrement (pas la tienne!) et formule au moins trois questions à l'équipe qui a effectué ce travail (motivations, réalisation, approfondissement de l'œuvre…).

Étape 4 Entrevue (travail individuel)

Interroge l'équipe et note les réponses.

Étape 5 Compte rendu

Mets au propre l'entrevue (questions et réponses). N'oublie pas de mentionner l'œuvre, les noms des coéquipiers qui l'ont réalisée, ainsi que les raisons qui ont motivé ton choix.

© Les éditions La Pensée inc.

Nom : ______________________ Groupe : ________

Fiche : Compte rendu

Œuvre : ______________________

Noms des coéquipiers : ______________________

____

Raisons qui ont motivé ton choix : ______________________

Entrevue : ______________________

1- ______________________

2- ______________________

3- ______________________

 © Les éditions La Pensée inc.

Évaluation de l'affiche	
Manifester une compréhension du phénomène religieux **Analyse détaillée d'une expression du religieux.** • Décrit et met en contexte une expression du religieux. • Explique ce que représente, signifie ou symbolise une expression du religieux (signification). • Explique l'utilité, l'utilisation ou le rôle d'une expression du religieux (fonction). • Associe une expression du religieux à une ou plusieurs traditions religieuses.	
Pratiquer le dialogue **Pertinence et quantité suffisante de traces écrites de l'organisation de sa pensée.** • Trouve et définit les éléments qui constituent l'objet du dialogue. • Fait l'inventaire des ressources possibles pour mieux saisir l'objet du dialogue. • Se donne une démarche et des outils de travail pour organiser sa pensée et traiter l'information (présentation claire, complète et organisation de l'information sur l'affiche).	
Autoévaluation Compétence transversale: Coopérer J'ai accompli mes tâches selon les règles que nous avons établies. – Écris deux tâches que tu devais accomplir : • ______________________ • ______________________ J'ai écouté les autres et j'ai respecté les divergences. – Donne un exemple: • ______________________	
TOTAL	

Échelle d'appréciation				
A Très satisfaisant	B Satisfaisant	C Passable	D Insatisfaisant	E Nettement insatisfaisant

© Les éditions La Pensée inc.

Évaluation de l'entrevue	
Pratiquer le dialogue **Pertinence et quantité suffisante de traces écrites de l'organisation de sa pensée.** • Trouve et définit les éléments qui constituent l'objet du dialogue. • Fait référence à son environnement, à des connaissances ou à ses expériences personnelles pour mieux saisir l'objet du dialogue.	
Autoévaluation **Utilisation adéquate des éléments de contenu relatifs à l'interaction avec les autres.** Quelles sont les conditions favorables au dialogue ? Justifie ta réponse et donne un exemple. ____________________ ____________________	
TOTAL	

Échelle d'appréciation				
A Très satisfaisant	B Satisfaisant	C Passable	D Insatisfaisant	E Nettement insatisfaisant

 © Les éditions La Pensée inc.

Nom: ______________________________ Groupe: ________

Fiche: Retour sur l'activité

Fais une synthèse de tes apprentissages (écris au moins trois choses que tu as apprises en ce qui concerne les œuvres d'art à caractère religieux).

Qu'as-tu appris en ce qui concerne la recherche et qui pourra t'aider dans un travail futur?

© Les éditions La Pensée inc.

POUR
CONTRE

Des défis à relever

Depuis le début de l'année scolaire, tu as été invité ou invitée à réfléchir sur différentes questions éthiques. Nous voici maintenant rendus à une nouvelle étape, celle de la démarche éthique.

Dans ce *Dialogue*, une démarche éthique en trois phases te sera présentée. Ensuite, tu verras une application concrète de cette démarche. Puis, tu devras effectuer l'analyse d'un problème d'actualité.

 © Les éditions La Pensée inc.

Lorsqu'on réfléchit sur des questions éthiques, on doit suivre une certaine démarche. Il ne s'agit pas d'étapes qu'il faut suivre dans l'ordre, mais plutôt d'une méthode qui permet d'analyser une situation dans son ensemble et d'avoir un regard complet et critique. Voici trois phases que tu dois effectuer afin d'analyser une situation éthique dans son ensemble (ces phases peuvent être réalisées dans le désordre).

Analyser la situation

Décrire la situation, la mettre en contexte, la comparer à d'autres situations similaires si possible.

Comparer des points de vue.

Formuler des questions éthiques.

Examiner les repères

Chercher les repères (valeurs, normes, règles, principes…).

Examiner le rôle et le sens de ces repères.

Comparer le sens de ces repères dans diverses situations.

Évaluer des options ou des actions possibles

Trouver ou proposer des options ou des actions possibles.

Considérer les effets de ces options ou actions sur soi, sur les autres ou sur la situation.

Choisir des options ou des actions qui favorisent le vivre-ensemble (reconnaissance de l'autre et poursuite du bien commun).

© Les éditions La Pensée inc.

La problématique de l'avortement

Analyser la situation

- **Description de la situation**

Mots de compréhension

Avant d'aborder un nouveau domaine, il est essentiel de maîtriser certains termes qui y sont attachés. Trouve les définitions des termes suivants et explique-les dans tes propres mots.

- Avortement: ______________________________

- La différence entre un embryon et un fœtus: ______________________________

- Viabilité: ______________________________

 © Les éditions La Pensée inc.

Commencement de la vie

Si la biologie permet d'expliquer les différentes étapes du développement de l'embryon, les caractéristiques qui déterminent le concept d'humanité ne sont pas des questions auxquelles elle peut répondre. Dans les nombreux débats sur le statut de l'embryon, on a recours à diverses théories afin de déterminer le commencement de la vie humaine, c'est-à-dire l'instant où l'embryon a des droits qui lui sont propres, en dehors de celui de propriété de ses parents. Après avoir lu les théories suivantes sur le commencement de la vie, tu dois associer le bon concept à chacune des explications proposées.

A- **Conception de la viabilité**
B- **Conception chrétienne**
C- **Notion de douleur**
D- **Conception musulmane**

1- On considère que c'est 42 jours après la fécondation qu'Allah envoie une âme au fœtus. Certains savants de cette foi disent donc qu'en cas de besoin un avortement peut avoir lieu avant ce jour. Pour d'autres, il est illicite en tout temps. ____________________

2- Il existe des scientifiques qui justifient le droit à l'avortement et l'utilisation de l'embryon pour faire des recherches par le fait que l'embryon ne souffrirait pas avant la 22e semaine.

3- Selon ce point de vue, l'embryon est un être humain à part entière et devrait avoir les mêmes droits que tous les autres. ____________________

4- Les partisans de cette théorie affirment que le fœtus n'a pas de droits propres tant qu'il n'est pas viable. ____________________

- **MISE EN CONTEXTE : L'AVORTEMENT AU CANADA ET DANS LE MONDE**

De 1869 à 1969, l'avortement était un délit en vertu du Code criminel. Cela n'empêchait pas les femmes canadiennes de se faire avorter, mais elles devaient le faire clandestinement. Cela se faisait dans des conditions qui ne présentaient aucune sécurité.

En 1969, le Code criminel permet l'avortement en certaines circonstances. Des hôpitaux commencent à pratiquer des avortements, mais ceux-ci doivent d'abord être autorisés par un comité. L'avortement n'est pas encore légalisé, mais il est autorisé.

C'est seulement en 1988, grâce entre autres aux actions du docteur Morgentaler, que la Cour suprême du Canada décriminalise l'avortement. La Cour statue que les droits reconnus aux êtres humains s'appliquent à partir de la naissance et que le père du fœtus ne

 © Les éditions La Pensée inc.

peut en aucun cas empêcher la mère de faire valoir son droit constitutionnel à l'avortement. Actuellement, 30 000 avortements sont pratiqués chaque année au Québec.

Encore aujourd'hui, l'avortement est interdit (interdit complètement ou restreint à des fins thérapeutiques) dans plusieurs pays du monde dont la Pologne, la quasi-totalité de l'Afrique, du Proche-Orient et de l'Amérique du Sud, ainsi que certains pays d'Asie comme la Birmanie et la Thaïlande. Malgré l'interdiction, 50 millions d'avortements sont pratiqués dans le monde chaque année, dont 20 millions dans des conditions non sécuritaires. On estime que 78 000 femmes en meurent, sans compter toutes celles qui souffrent de ces interventions dangereuses.

- **Comparer les points de vue**

Généralement, lorsqu'on entend parler d'avortement, il s'agit de l'opposition entre ceux qui sont en faveur de l'avortement (prochoix) et ceux qui sont contre (provie). Examinons de plus près leur point de vue.

Provie

1. Pour de nombreux opposants à l'avortement, le raisonnement est très simple :
   - Il est immoral de tuer un être humain ;
   - Avorter, c'est tuer un être humain ;
   - Donc, l'avortement est immoral.

   Ils considèrent donc l'embryon comme un être humain à part entière qui a les mêmes droits que tous les autres. Il faut donc protéger sa vie à tout prix.

2. Des arguments religieux sont souvent utilisés (ex. : Dieu donne la vie ; lui seul devrait pouvoir l'enlever).

Prochoix

1. C'est d'abord dans la perspective des grossesses difficiles, pouvant être risquées pour la vie ou pour la santé des femmes, que les féministes ont lutté pour que celles-ci aient droit à l'avortement.

2. Grâce à la liberté de conscience, la femme est habilitée à prendre elle-même sa décision sans avoir à obéir à quiconque. La décision de se faire avorter n'est jamais facile à prendre. On considère que la femme a le droit de choisir et la capacité d'évaluer les conséquences de ses choix. Dans cette perspective, rien ne devrait obliger une femme à être mère contre son gré. C'est ce qu'on appelle le droit à la maternité choisie.

3. On reconnaît aux femmes qu'il s'agit de leur corps, on appelle cela l'intégrité physique. C'est sur ce principe que l'on admet qu'une femme puisse se faire avorter pour des raisons qu'elle considère légitimes.

 © Les éditions La Pensée inc.

POUR
CONTRE

Nom: ______________________________ Groupe: ________

Fiche: Formuler des questions éthiques

Tâche de l'élève: En équipe de trois, et à partir de ce que vous avez appris sur la problématique de l'avortement, formulez des questions éthiques.

© Les éditions La Pensée inc.

Nom: ______________________________ Groupe: ________

Fiche: Examiner les repères

Tâche de l'élève: En équipe de trois, cherchez les repères (valeurs, règles, principes...) parmi les deux principales positions concernant l'avortement (provie/prochoix).

Examinez le rôle et le sens de ces repères.

 © Les éditions La Pensée inc.

Évaluer des options

Bien sûr, il y a des conséquences individuelles et immédiates à la légalisation de l'avortement. Cependant, les enjeux ne sont pas qu'à l'échelle individuelle. En voici quelques exemples.

Manille, la ville provie

Depuis 2000, en conformité avec l'esprit du Vatican, le maire de Manille, Jose Atienza, a interdit toutes formes de contraception dites «artificielles»: pilule, préservatif, stérilet... Il va s'en dire que l'avortement est aussi prohibé. Les travailleurs sociaux sont tenus de promouvoir uniquement les méthodes de contraception dites «naturelles» comme le coït interrompu, l'abstinence et la méthode du calendrier. Selon le maire, il s'agit d'une façon de promouvoir la culture et la vie. Les conséquences d'une telle politique sont énormes. Par exemple, on dénote une augmentation flagrante de la pauvreté: les familles pauvres ont en moyenne 5,9 enfants par femme et elles ont de plus en plus de difficultés à les faire vivre. La preuve en est qu'il y a 550 000 enfants abandonnés dans les rues de Manille, sans compter les nombreux avortements clandestins.

Fœticide: un génocide silencieux

En Inde, avoir une fille est souvent perçu comme un luxe, puisque la tradition veut que la famille de l'épouse paye une dot à la famille de l'époux. Il faut savoir qu'une grande partie de la population vit dans une situation économique précaire. C'est pourquoi plusieurs couples utilisent l'échographie pour connaître le sexe de l'enfant à naître et se faire avorter s'il est féminin. On appelle cette pratique «avortement sélectif». Ces avortements sont si répandus qu'il est maintenant illégal pour un médecin de dévoiler le sexe de l'enfant à naître. Cependant, dans les faits, il existe de nombreux moyens de contourner cette loi. C'est ainsi que, depuis les années 1980, 36 millions de fillettes ont été éliminées avant même de voir le jour. Dans certaines provinces de l'Inde, le rapport filles-garçons est de une pour quatre.

Risque d'eugénisme?

En ce moment, il existe plusieurs tests qui permettent de détecter de nombreuses maladies génétiques chez l'enfant à naître. Cette technologie, associée au droit à l'avortement, permet aux parents de choisir de garder ou non un enfant qui sera malade (trisomie 21, spina-bifida...) ou lourdement handicapé. Ceux-ci sont alors aux prises avec une grave décision: garder l'enfant malade ou pas, avec les conséquences que cela entraîne, peu importe la décision. Cependant, grâce aux progrès dans le domaine du génome humain et aux manipulations génétiques, nous pourrions un jour sélectionner les embryons dès leur conception, afin de donner vie uniquement à des enfants «parfaits». L'épuration de l'humanité pointe-t-elle à l'horizon?

 © Les éditions La Pensée inc.

POUR CONTRE

Analyse d'un problème d'actualité

Consignes: Dans un texte d'environ deux à trois pages, tu dois analyser un problème d'actualité en utilisant toutes les phases pour analyser un enjeu éthique. Respecte bien la marche à suivre. Le travail s'effectue en équipe de deux ou de trois.

Marche à suivre:

1. Choisis un sujet d'ordre éthique et fais approuver ton choix par ton enseignante ou ton enseignant.
2. Fais de la recherche sur ton sujet et, à la suite de tes lectures:
   - Tu dois décrire la situation, la mettre en contexte, la comparer à d'autres situations similaires (si possible), comparer des points de vue et formuler des questions éthiques. (**Analyser la situation**.)
   - Tu dois déterminer les repères (valeurs, normes, règles, principes…), trouver leur rôle et leur sens pour ensuite les comparer dans diverses situations. (**Examiner les repères**.)
   - Tu dois proposer des options ou actions possibles et considérer les effets de ces dernières sur soi/les autres/la situation. Enfin, tu dois choisir des options ou des actions qui favorisent le vivre-ensemble (reconnaissance de l'autre et poursuite du bien commun). (**Évaluer des options ou des actions possibles**.)
3. Chacun des membres de l'équipe doit donner son point de vue personnel sur la situation ainsi que son évolution (point de vue) tout au long de la recherche. Bien sûr, chacun doit justifier son point de vue à l'aide de ses propres repères.
4. Tu mettras ta documentation en annexe. Tu dois recourir à un minimum de deux sources d'informations pertinentes.
5. L'équipe doit ensuite rédiger son texte. On devra y trouver les éléments suivants:
   - Page couverture
   - Introduction
   - Développement
   - Conclusion
   - Point de vue personnel de chaque membre de l'équipe
   - Bibliographie

   - Il est important de ne pas plagier le travail des autres. C'est pour cette raison que tu dois mettre entre guillemets les phrases écrites mot à mot par une personne et citer tes sources. Lorsqu'on cite une autre personne, on doit toujours mettre le nom de l'auteur, le titre du document, l'année de sa parution et la page. Citer un personnage connu peut ajouter du poids à tes propos. Ton travail doit en contenir.
     Ex.: «On ne peut parler du droit de vote des femmes sans citer l'action d'Idola Saint-Jean.» (Bertrand et Dubois, 2006, p. 179.)
     Ensuite, tu dois citer cette source au complet dans ta bibliographie.
     Ex.: BERTRAND Chantal, et Mélanie DUBOIS. *Vivre au pluriel et au temps présent*, Montréal, les éditions La Pensée inc., 2006.

 © Les éditions La Pensée inc.

Voici la grille d'évaluation que ton enseignante ou enseignant utilisera. Assure-toi de bien répondre à toutes les exigences.

Évaluation du travail de recherche	
Réfléchir sur des questions éthiques **Analyse détaillée d'une situation d'un point de vue éthique.** • Décrit et met en contexte une situation (où, quand, pourquoi, qui, etc.). • Trouve des valeurs et des normes présentes dans des points de vue. • Formule des questions éthiques pertinentes. • Trouve les principaux éléments des points de vue énoncés. • Explique des tensions ou des conflits de valeurs. **Examiner une diversité de repères d'ordre culturel, moral, religieux, scientifique ou social.** • Trouve les principaux repères présents dans la situation. • Explique le rôle et le sens de ces repères. • Interroge la pertinence de certains repères. • Sélectionne les repères les plus pertinents pour réfléchir à la question éthique. **Évaluer des options et des actions possibles.** • Détermine plusieurs options ou actions possibles. • Trouve des critères permettant d'évaluer des options ou des actions en fonction du vivre-ensemble. • Explique comment il est parvenu ou elle est parvenue à sélectionner des options ou des actions.	
Pratiquer le dialogue **Pertinence et quantité suffisante de traces écrites de l'organisation de sa pensée.** • Évalue des éléments importants qui constituent un point de vue. **Utilisation adéquate des éléments de contenu relatifs à l'interaction avec les autres.** • Exprime son point de vue à l'aide de moyens appropriés (la description, la comparaison, la justification, etc.). • Sélectionne les points de vue essentiels à interroger. **Présentation d'un point de vue élaboré à partir d'éléments pertinents, cohérents et en quantité suffisante.** • Utilise des ressources variées et appropriées pour comprendre l'objet du dialogue.	

© Les éditions La Pensée inc.

• Détermine ce qui doit être approfondi ou clarifié dans les points de vue. • Explique comment son point de vue s'est modifié ou consolidé. Compétence transversale: exploiter l'information • Consulte des sources variées (au moins deux). • Organise l'information d'une façon cohérente. • Analyse l'information de façon critique.	
TOTAL	

Échelle d'appréciation				
A Très satisfaisant	B Satisfaisant	C Passable	D Insatisfaisant	E Nettement insatisfaisant

Exemples de sujets

- Clonage humain
- Mère porteuse
- Intervention armée en Afghanistan
- Mariage gai
- Prêtrise des femmes
- Privatisation du système de santé
- Peine de mort
- Âge du consentement sexuel
- Exploitation des enfants (enfants soldats, travail des enfants, prostitution)
- Légalisation de la prostitution
- Euthanasie
- Augmentation du budget des forces armées
- Gratuité scolaire
- Légalisation des drogues douces (marijuana)
- Taxe Tobin (taxe pour aider les pays en voie de développement)

 © Les éditions La Pensée inc.

Nom: ______________________________ Groupe: ________

Fiche: Activité d'intégration

Tâche de l'élève: Réponds à la question suivante.

Nomme deux choses que tu as apprises concernant la réflexion éthique et dis en quoi cela t'aidera dans tes futures réflexions.

© Les éditions La Pensée inc.

Colloque des savoirs en histoire et en religion

Chrystian Boyer

Chrystian Boyer

Julie Bloduc

Michel Ross

Mélanie Dubois

«Dieu est mort», a écrit Nietzsche. «Le XXIe siècle sera religieux ou ne sera pas», aurait plutôt affirmé André Malraux. Puisque de tout temps l'humain a tenté de savoir d'où il venait et pourquoi il était sur terre, la religion a toujours été au cœur de ses préoccupations. Alors que plusieurs personnes ont cru, et croient encore, que la science remplacera un jour la religion, il semble bien que ce ne soit pas le cas. À l'intérieur d'États aussi avancés technologiquement et scientifiquement que le Japon et les États-Unis, on note une forte pratique religieuse des habitants. Il faut aussi prendre conscience du fait non négligeable que le 5/6 de la population mondiale dit appartenir à une religion.

Évidemment, les manières de vivre sa foi sont très différentes selon le lieu et la période historique. Afin de nous aider à mieux comprendre le phénomène religieux actuel, nous verrons au cours de cette section la religion au fil du temps à travers la fondation et le développement de diverses traditions. Il importe de savoir qu'aucune religion n'est monolithique: il y a des variations selon les époques, les lieux, la culture et les interprétations. Par exemple, il y a d'innombrables sectes hindoues, plusieurs écoles bouddhistes, de multiples dénominations chrétiennes, etc.

Au cours de ce *Dialogue*, tu découvriras les cinq grandes religions sous forme de synthèse. Une mention particulière a été faite pour les femmes dans chacune des religions, puisqu'elles n'ont, dans aucune tradition, la même place que les hommes. Nous aborderons par la suite le phénomène de l'athéisme en compagnie de Marx, Sartre et De Beauvoir. Ensuite, tu seras invité ou invitée à devenir un ou une spécialiste en science des religions le temps d'un colloque.

© Les éditions La Pensée inc.

Mots de compréhension

Avant d'aborder un nouveau domaine, il est essentiel de maîtriser certains termes qui y sont attachés. Trouve les définitions des termes suivants et explique-les dans tes propres mots.

- Schisme : ____
____
____
- Orthodoxe : ____
____
____
- Prêcher : ____
____
____
- Réincarnation : ____
____
____
- Résurrection : ____
____
____
- Humanisme : ____
____
____
- Existentialisme : ____
____
____

 © Les éditions La Pensée inc.

Religions monothéistes

Le judaïsme

L'affirmation fondamentale du judaïsme est qu'il n'y a qu'un seul Dieu. Il s'agit d'ailleurs de la première religion monothéiste. Selon cette tradition, Yahvé (Dieu) aurait conclu une alliance avec Abraham et sa descendance. Cette alliance est complétée avec Moïse, à qui Yahvé a donné les Tables de la Loi. Le peuple juif se considère donc comme le peuple élu à qui Dieu a donné la Terre sainte d'Israël. Le Messie (qui signifie «oint par le seigneur») est attendu dans la tradition judaïque. Cependant, la forme que prend ce Messie et la mission qu'il a à accomplir varient énormément selon les différentes familles juives. Car il faut bien comprendre qu'il y a une multitude de judaïsmes selon les époques, les cultures, mais également les interprétations des écrits sacrés.

1. Symbole:

«L'étoile de David est certainement l'un des symboles les plus connus du judaïsme, dans ses dimensions religieuses aussi bien que dans ses aspects socioculturels. On la retrouve par exemple de nos jours au milieu du drapeau de l'État d'Israël. On la retrouvait également, épinglée par la barbarie nazie, sur la poitrine des juifs dans les ghettos et les camps de concentration.»*

2. Représentations:

Dieu et l'Univers: Dieu est unique et il est le créateur de l'Univers. Son nom est YHWH qui veut dire «être» conjugué au passé-présent-futur. On peut donc traduire ce mot par «éternité». Il est interdit de se représenter Dieu, car cela est considéré comme de l'idôlatrie.

L'Univers existe vraiment, il n'est pas une illusion et il est distinct de Dieu, puisqu'il est régi par des lois.

* http://www.religion.uqam.ca

© Les éditions La Pensée inc.

3. **Quelques fêtes juives:**

Fêtes	Significations (récits sacrés/mythes)	Quand	Durée	Autres noms
Pâque	• commémore la sortie d'Égypte • passage de l'esclavage à la liberté voir Ex 12, 31-51	15 de Nissan (Avril)	7 jours	Pessah
Pentecôte	• rappelle le don des 10 commandements à Moïse voir Ex 1, 20-24	50 jours après Pâque	1 jour	– Chavou'oth – Fête des moissons – Fête des épis
Fête des cabanes	• rappelle la traversée du désert voir Ex 14 – 15	Vers la mi-octobre	7 jours	– Soukkoth – Fête des tentes
Jour de l'An	• rappelle le sacrifice d'Isaac • rappelle que Dieu est là voir Gn 22, 1-19	mi-septembre et début octobre	2 jours	– Rosh Hashana
Jour du pardon	• rappelle la foi en un Dieu qui pardonne	10 jours après le nouvel an	1 jour	– Jour de purification – Yom Kippour
Sabbat	• jour de repos et de prières voir Gn 2, 1-3	le samedi	1 jour	

 © Les éditions La Pensée inc.

4. Lieu sacré:

Mur des Lamentations

Le mur des Lamentations, aussi appelé mur occidental ou Le Kotel, est un vestige de l'enceinte du Temple de Jérusalem érigé par Hérode[21] (516 av. J.-C. à 70). Il constitue le premier lieu saint du judaïsme. «Il porte ce nom [...] parce que les Juifs de la Diaspora sont venus [y] prier [...] pendant près de 2000 ans afin que Yahvé permette enfin à son peuple de revenir à Jérusalem.»[22]

Mur des Lamentations le jour du sabbat.

De nos jours, les juifs viennent y prier et y célébrer certaines fêtes dont le sabbat. Certains croyants insèrent dans les fentes du mur des prières, des demandes, des souhaits. Le site est aussi un symbole national pour les Israéliens qui y tiennent des cérémonies laïques comme la commémoration des victimes du terrorisme.

1. Adorer le seul vrai dieu: Yahvé.
2. Ne point adorer d'idoles.
3. Ne pas invoquer le nom de Yahvé en vain.
4. Consacrer le septième jour de la semaine pour Yahvé.
5. Honorer ses parents.
6. Ne pas commettre de meurtre.
7. Proscrire l'adultère.
8. Ne pas voler.
9. Ne pas mentir.
10. Ne pas convoiter la maison ni la femme du prochain.

5. Éthique:

Il y a deux systèmes de loi dans le monde juif:

A. L'un est réservé aux juifs. Il n'est pas facile d'être juif, puisque la loi juive comporte 613 commandements dont 248 ordonnances (relatives à toutes les parties du corps) et 365 interdictions (correspondant aux 365 jours). Dans ces commandements sont comprises toutes les règles alimentaires. Toutefois, nous nous contenterons ici des **10 commandements**.

B. L'autre système de loi est réservé aux «gentils», c'est-à-dire aux non-juifs. Il s'agit des lois de l'alliance universelle avec Noé et elle ne comporte que les sept éléments que voici:

[21] Ce fait n'est pas attesté par l'ensemble de la communauté scientifique.

[22] LEROUX, Hubert. *La tradition juive Un Dieu qui fait alliance*, Montréal, les éditions La Pensée inc., 2003, p. 55.

© Les éditions La Pensée inc.

1. Interdiction de l'idolâtrie.
2. Interdiction du blasphème.
3. Interdiction du meurtre (y compris le fait d'humilier quelqu'un).
4. Interdits sexuels.
5. Interdiction du vol (incluant le vol du sommeil).
6. Interdiction de consommer un membre d'un animal vivant.
7. Obligation d'avoir un «tribunal».

6. Textes sacrés:

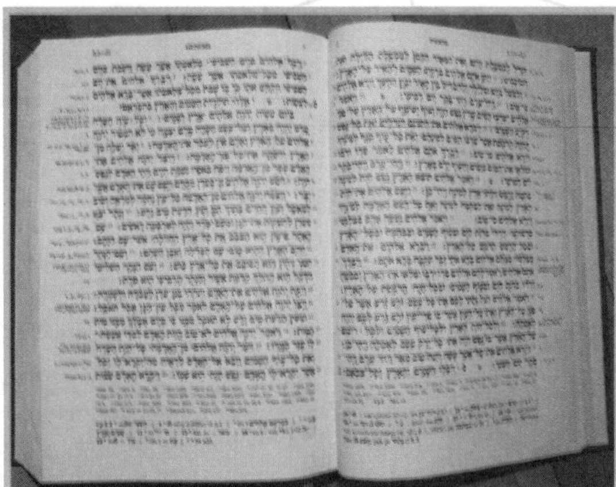

Bible hébraïque.

1. La **Bible hébraïque,**[23] qu'on appelle le **TaNaK,** est formée de trois types de textes: la **T**orah, les **N**eviim et les **K**etouvim.

La Torah: la loi
La Torah, ou le Pentateuque, comporte cinq livres qui rapportent la mémoire des origines en reprenant les grands récits fondateurs: la Genèse, l'Exode, le Lévitique, les Nombres et le Deutéronome.

Les Neviim: les livres des prophètes
Les prophètes sont des personnes qui parlent ou agissent au nom de Dieu. Il s'agit essentiellement de textes narratifs racontant l'histoire du peuple d'Israël: la Conquête de Canaan, le retour d'exil, la royauté, etc. Les Neviim comprennent entre autres le Livre des Juges, Samuel, les Rois, Isaïe, Jérémie, Ézéchiel, Amos, Osée, etc.

Les Ketouvim: les autres écrits, dont les textes de sagesse
Ils comprennent les livres tels que le Livre des Proverbes (recueil de proverbes et d'enseignement sur la sagesse), le Livre de Job (réflexion sur la souffrance humaine), L'Ecclésiaste (réflexion sur la condition humaine), Le Cantique des cantiques (chants d'amour), le Livre des Psaumes (poèmes adressés à Dieu), etc.

2. **Le Talmud**
Le mot *Talmud* signifie «étude» ou «enseignement». Ce livre rassemble divers commentaires sur la loi de Moïse. Il procure au croyant un inventaire complet des règles religieuses et civiles à suivre. L'étude de ces préceptes est fondamentale pour les juifs puisque accomplir la volonté divine constitue le sens de leur existence. Le Talmud est composé de la Mishnah, qui veut dire répétition, et de la Guemarah, qui se veut une explication de la Mishnah. La Mishnah est une compilation de la Torah orale sous la direction de Rabbi Yehuda au IIe siècle. On y retrouve des traités sur différents sujets comme: l'agriculture, la famille, le droit civil et pénal, les lois concernant la pureté, etc.

[23] Voir LEROUX, Hubert. *La tradition juive Un Dieu qui fait alliance*, Montréal, les éditions La Pensée inc., p. 12-13.

© Les éditions La Pensée inc.

7. Personnages importants:

Abraham : C'est le «père» des juifs, des chrétiens et des musulmans. Il est considéré comme le premier croyant, puisqu'il a été le premier à croire en un seul Dieu. Abraham a eu deux fils : Ismaël, qui est considéré comme l'ancêtre des Arabes, et Isaac, l'ancêtre des Juifs. «Yahvé lui apparut et lui dit : Je suis El Shaddaï, marche en ma présence et sois parfait. J'institue mon alliance entre moi et toi, et je t'accroîtrai extrêmement. Et Abram tomba la face contre terre. Dieu lui parla ainsi : Moi, voici mon alliance avec toi : tu deviendras père d'une multitude de nations. Et l'on ne t'appellera plus Abram, mais ton nom sera Abraham, car je te fais père d'une multitude de nations. Je te rendrai extrêmement fécond, de toi je ferai des nations, et des rois sortiront de toi. J'établirai mon alliance entre moi et toi, et ta race après toi, de génération en génération, une alliance perpétuelle, pour être ton Dieu et celui de ta race après toi. À toi et à ta race après toi, je donnerai le pays où tu séjournes, tout le pays de Canaan, en possession à perpétuité, et je serai votre Dieu. Dieu dit à Abraham : Et toi, tu observeras mon alliance, toi et ta race après toi, de génération en génération. Et voici mon alliance qui sera observée entre moi et vous, c'est-à-dire ta race après toi : que tous vos mâles soient circoncis. Vous ferez circoncire la chair de votre prépuce, et ce sera le signe de l'alliance entre moi et vous.» (Gn 17, 1-11)

Moïse : Il est considéré comme le fondateur du judaïsme. C'est à lui que Dieu a dévoilé son nom «YHWH» et les commandements. Il a reçu la mission de délivrer le peuple hébreu d'Égypte et de l'amener en Terre promise.

8. Les femmes:

© Élève du Collège du Mont-Saint-Louis

La condition de la femme juive est extrêmement variable selon le courant dans lequel elle s'inscrit. Chez les orthodoxes, il lui est interdit de diriger des cérémonies religieuses et parfois même d'étudier les textes sacrés. Par contre, chez certains libéraux et chez les conservateurs, elle peut accéder au titre de rabbin (personne présidant le culte dans le judaïsme). En effet, la première femme rabbin a obtenu son titre en 1935 à Berlin. Depuis, on peut compter 200 femmes rabbins aux États-Unis, 10 en Grande-Bretagne, 4 en Israël et 2 en France.

© Les éditions La Pensée inc.

9. Différents courants du judaïsme:

Le judaïsme contemporain est divisé en deux grandes familles:

1. Sépharades: Juifs provenant de la péninsule ibérique, expulsés en 1492 et qui se sont réinstallés notamment dans les pays d'Afrique du Nord.
2. Ashkénazes: Juifs provenant de l'Europe centrale et de l'Est.

Il y a de nombreux courants dans le judaïsme contemporain. Citons les trois grands courants:

Les orthodoxes

Ce courant s'est principalement créé en réaction à l'assimilation de plusieurs juifs et en raison de nombreux faux messies. Il s'agit d'un groupe qui interprète de façon littéral les textes sacrés et ses membres observent les 613 commandements. Cette famille englobe les haredim (les craignant-Dieu) et les hassidim (les pieux).

Le judaïsme réformé

Dans ce courant, on relègue le religieux au privé. On y croit que les juifs doivent être de leur époque. On sépare l'éthique du cultuel et l'on conserve uniquement l'éthique. Par exemple, à la fin du XIXe siècle, en Europe et en Amérique, on y avait aboli les lois alimentaires ainsi que nombre de prescriptions liées au sabbat. On y accepte des conversions et les mariages mixtes. On retrouve des femmes rabbins parmi les réformés et chez certains groupes du judaïsme conservateur.

Sur cette photo, on peut apercevoir des éléments propres à la tenue vestimentaire orthodoxe:

1. Les tsitsits: franges blanches servant à se rappeler l'obéissance aux 613 commandements.
2. La kippa: petite calotte portée par les hommes. Certains la mettent lors des prières et des repas, alors que d'autres la portent en tout temps sauf pour dormir. Il s'agit d'un signe de soumission à Yahvé.
3. Les peots (les deux «frisettes»): Il s'agit d'une interprétation du Lévitique (19, 27) qui dit : «Vous ne vous taillerez pas en rond le bord de votre chevelure, vous ne vous raserez pas les coins de la barbe.»

Le judaïsme conservateur

Les conservateurs jugent que les libéraux sont allés trop loin. Néanmoins, le terme « conservateur » est trompeur ; c'est par exemple dans ce courant que les femmes ont eu en premier accès aux études rabbiniques. Ils observent les lois prescrites par la religion, mais de manière souple. Il s'agit d'une position médiane entre le judaïsme réformé et le judaïsme orthodoxe.

Nomme des faits d'actualité où il est question du judaïsme.

Quels liens peux-tu faire entre les 10 commandements et les lois et conventions sociales dans la société québécoise ?

© Les éditions La Pensée inc.

ÉVÉNEMENTS IMPORTANTS

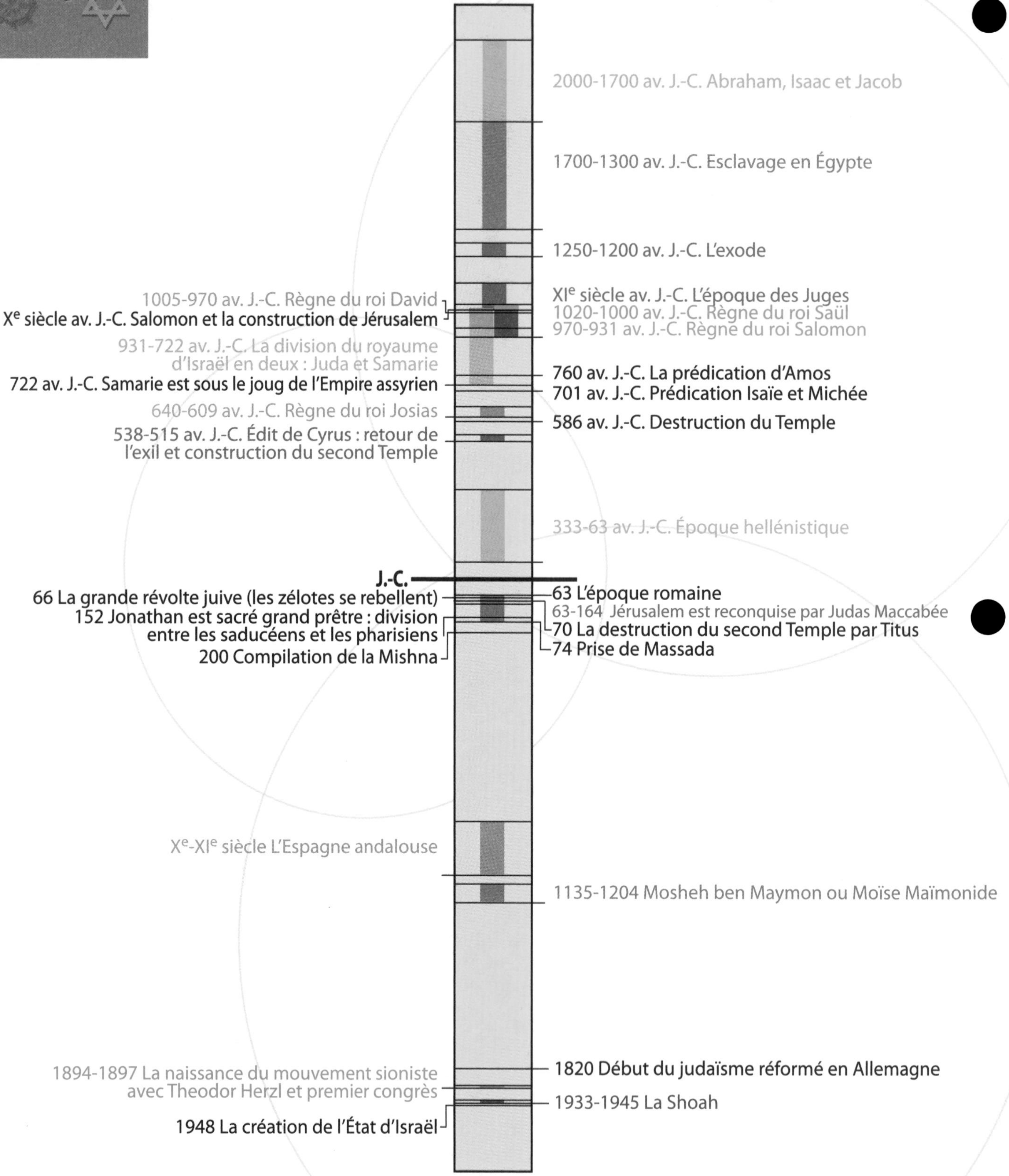

2000-1700 av. J.-C. Abraham, Isaac et Jacob

1700-1300 av. J.-C. Esclavage en Égypte

1250-1200 av. J.-C. L'exode

1005-970 av. J.-C. Règne du roi David

XIe siècle av. J.-C. L'époque des Juges

Xe siècle av. J.-C. Salomon et la construction de Jérusalem

1020-1000 av. J.-C. Règne du roi Saül

970-931 av. J.-C. Règne du roi Salomon

931-722 av. J.-C. La division du royaume d'Israël en deux : Juda et Samarie

760 av. J.-C. La prédication d'Amos

722 av. J.-C. Samarie est sous le joug de l'Empire assyrien

701 av. J.-C. Prédication Isaïe et Michée

640-609 av. J.-C. Règne du roi Josias

586 av. J.-C. Destruction du Temple

538-515 av. J.-C. Édit de Cyrus : retour de l'exil et construction du second Temple

333-63 av. J.-C. Époque hellénistique

J.-C.

63 L'époque romaine

66 La grande révolte juive (les zélotes se rebellent)

63-164 Jérusalem est reconquise par Judas Maccabée

152 Jonathan est sacré grand prêtre : division entre les saducéens et les pharisiens

70 La destruction du second Temple par Titus

74 Prise de Massada

200 Compilation de la Mishna

X^e-XIe siècle L'Espagne andalouse

1135-1204 Mosheh ben Maymon ou Moïse Maïmonide

1820 Début du judaïsme réformé en Allemagne

1894-1897 La naissance du mouvement sioniste avec Theodor Herzl et premier congrès

1933-1945 La Shoah

1948 La création de l'État d'Israël

* Les dates précédant le Xe siècle avant Jésus-Christ sont approximatives. De plus, certains de ces événements ne sont pas authentifiables historiquement, mais ils sont reconnus par la tradition.

 © Les éditions La Pensée inc.

Le christianisme

Il s'agit de la religion fondée sur la vie et l'enseignement de Jésus, considéré comme étant le Christ (Messie) attendu par les juifs et ressuscité trois jours après avoir été crucifié. Le christianisme était donc à ses débuts une secte juive. Au début du christianisme, les chrétiens ont été persécutés dans l'Empire romain en raison de leurs croyances. Puis, sous l'empereur Constantin, le christianisme est devenu une religion d'État.

Monument situé aux Invalides à Paris.

1. Symbole:

«Le principal symbole est la croix, instrument de supplice des esclaves à l'époque romaine et, de ce fait, symbole d'infamie associé aux premiers disciples du Christ. La croix est pourtant devenue un symbole de "gloire" et de triomphe de la foi chrétienne, mais aussi parfois de malaise, notamment dans la culture québécoise qui a encore parfois du mal à se remettre d'une longue histoire marquée du sceau d'un "certain visage du christianisme"» (http:www.religion.uqam.ca).

2. Représentation:

Dieu: Appelé «Dieu le Père» chez les chrétiens, il est le même Dieu que celui d'Abraham, d'Isaac et de Jacob. Il est constitué de trois personnes: le Père, le Fils et le Saint-Esprit. On appelle cette représentation la Sainte Trinité.

© Les éditions La Pensée inc.

L'Univers : Sa représentation est la même que dans le judaïsme. Selon la Genèse, Dieu créa la Terre en premier, puis les animaux et enfin l'être humain. C'est donc pour cette raison que les chrétiens ont cru pendant longtemps que la Terre était le centre de l'Univers.

3. Quelques fêtes et rites chrétiens:

Fêtes et rites	Significations (récits sacrés/mythes)	Quand	Durée
Pâques	• célébration de la résurrection du Christ voir Jn 20	1er dimanche qui suit la pleine lune du printemps	1 jour, précédé du carême de 40 jours
Noël	• célébration de la naissance de Jésus voir Lc 2, 1-20	25 décembre 6 janvier (orthodoxe)	1 jour, précédé de l'avent 4 semaines avant
Eucharistie	• rappeler le dernier repas de Jésus, sa mort et sa résurrection voir Mt 26, 17-29	– tous les dimanches (catholique et orthodoxe) – variable dans les autres Églises	lors de la célébration (messe)
Baptême	• rappelle le baptême de Jésus dans le Jourdain • symbole de l'entrée dans le christianisme voir Mc 1, 9-11	– catholique et orthodoxe : petite enfance – protestant : adolescence cependant il n'est jamais trop tard pour le faire	

4. Lieu sacré:

La basilique de la Nativité

Cette église située à Bethléem est un lieu sacré pour les chrétiens, puisqu'elle a été bâtie sur l'emplacement présumé de la naissance de Jésus. Elle fut construite par l'empereur Justinien de 527 à 565 sur le site de l'ancienne basilique édifiée par Constantin au IVe siècle. Sous l'église se trouve une grotte, celle où Jésus serait né. Sur le sol est fixée une étoile d'argent à 14 branches qui indique le lieu de la naissance de Jésus.

 © Les éditions La Pensée inc.

Basilique vue de l'extérieur.

La grotte de la Nativité est l'endroit où serait né Jésus. Elle est située dans le sous-sol de la basilique.

5. Éthique:

Les 10 commandements du judaïsme s'appliquent aux chrétiens. Par contre, Jésus a aussi prescrit certains comportements:

A- Aimez-vous les uns les autres comme je vous ai aimés.
B- Si l'on te frappe sur la joue droite, tends aussi la joue gauche.
C- Aimez vos ennemis et priez pour ceux qui vous persécutent.
D- Pourquoi regardes-tu la paille qui est dans l'œil de ton voisin quand tu as une poutre dans le tien (ne pas juger).

6. Textes sacrés:

La Bible qui comprend:
- l'Ancien Testament (qui est le **TaNaK** des juifs);
- le Nouveau Testament (qui relate la vie de Jésus et des premières communautés chrétiennes).

Il y a d'autres écrits qui ne sont pas sacrés mais qui servent de références comme le catéchisme et les écrits des papes chez les catholiques.

Savais-tu que la Bible est le livre le plus vendu dans le monde? Chaque année, on en distribue environ 30 millions d'exemplaires. En 1990, la Bible était traduite en plus de 1800 langues. La période d'écriture de la Bible s'étend sur un peu plus de 1000 ans, se terminant vers l'an 100 de notre ère.

Le mot *Bible* vient de «*Ta biblia*» qui veut dire *les livres* en grec. Il y a deux corpus: l'Ancien et le Nouveau Testament. Le mot *testament* est vraisemblablement une traduction de l'assyrien

© Les éditions La Pensée inc.

«*Birtu*» («*berit*» en hébreu) qui signifie *lien* et ramène à l'idée d'*alliance*. L'Ancien Testament compte 46 livres chez les catholiques, 40 chez les protestants de la réforme (ex.: Luther) et 40 dans la tradition juive. Quels sont les livres que l'on ne retrouve pas chez les juifs et les protestants? Il s'agit des livres deutérocanoniques: Judith, Tobie, passages grecs du Livre d'Esther, Maccabées (I et II), Livre de la Sagesse, Siracide, passages grecs du Livre de Baruch et passages grecs du Livre de Daniel. Qu'ont en commun ces livres? Ils ont été écrits en grec. Comme le canon juif pharisien était écrit en hébreu, ils n'ont pas été intégrés. En ce qui concerne le Nouveau Testament, tous les chrétiens acceptent les mêmes 27 livres. Les langues originales de l'Ancien Testament sont l'hébreu, un peu d'araméen et le grec pour les livres deutérocanoniques. Le Nouveau Testament a été écrit en grec populaire, c'est-à-dire le koinè.

Deux types de matériaux ont été utilisés pour l'écriture de la Bible. D'abord le papyrus, une plante aquatique utilisée pendant des millénaires, était très friable mais très dispendieux. Le coût d'une feuille équivalait environ au salaire d'une journée de travail. Le parchemin aussi a été utilisé. Il s'agit d'une peau d'animal, souvent de mouton, trempée dans du lait de chaux, grattée puis polie avec une pierre ponce. En grattant, on pouvait d'ailleurs effacer. Le parchemin a été beaucoup utilisé chez les Grecs au IIIe siècle avant notre ère. Comme les parchemins étaient souvent très grands, on les roulait des deux côtés afin de former une sorte de rouleau: imagine, l'Évangile de Matthieu mesurait 10 mètres! Aux IIIe et IVe siècles, dans l'Empire romain, on a aussi utilisé ce qu'on a appelé le codex, c'est-à-dire des tablettes de bois ou de plomb reliées par des lanières de cuir. C'était alors très lourd. Très peu de gens parmi les croyants possédaient ne serait-ce que quelques extraits de la Bible. Même l'empereur romain ne pouvait posséder une Bible!

Savais-tu que les textes originaux n'ont pas de titres, de sous-titres ou de délimitations? C'est en 1203 qu'a été faite la division en chapitres par Étienne Langton, et la division en versets a été effectuée par Robert Estienne au XVIe siècle. Enfin, c'est Luther qui a ajouté les titres et les sous-titres lorsqu'il a entrepris la traduction allemande de la Bible.

7. Personnages importants:

Jésus: Il est le fondement du christianisme. Il serait né 4 ans avant l'ère dite chrétienne et il serait mort le 7 avril de l'an 30. Aucun historien de l'Antiquité ne nie son existence. Le cœur de son message est l'annonce du royaume de Dieu: «Heureux vous, les pauvres, car le royaume de Dieu est à vous» (Lc 6, 20). Pour Jésus, cette promesse est annoncée à tous les membres d'Israël y compris les prostituées, les pauvres, les malades, les pécheurs, etc. Son mouvement était donc ouvert à tous, surtout aux exclus de sa société et de sa religion, et plus particulièrement aux femmes, car, contrairement aux maîtres de l'époque, il laissait les femmes le suivre.

Marie : Marie est la mère de Jésus et l'épouse de Joseph. Selon l'évangéliste Luc (1, 34), Marie a conçu Jésus «sans connaître d'homme». Marie est citée dans les Évangiles à plusieurs reprises, elle est présente dans la vie de Jésus jusqu'à sa mort ainsi que sa résurrection.

Ozias Leduc
Ensevelissement du Christ (1891).
MBAM

Dans le catholicisme, elle est aussi appelée «Sainte Vierge» et a été proclamée «mère de Dieu» en 431 lors du concile d'Éphèse. Toujours chez les catholiques, un culte à Marie s'est développé et a pris des proportions importantes. Citons la prière «Je vous salue Marie», le mois de Marie, les nombreuses églises qui lui sont dédiées et les nombreux cultes (Lourdes, Fátima, etc.). Par contre, chez les protestants où l'on ne reconnaît pas l'existence de la sainteté chez les humains, Marie est un personnage important, mais elle n'est pas vénérée comme chez les catholiques. Enfin, on retrouve une large iconographie de la Vierge à travers le temps : sculptures, peintures, images, etc.

Paul : Certains le considèrent comme le fondateur de l'Église, car il a instauré plusieurs des premières communautés, ainsi que leurs règles. Ses croyances l'ont mené à maintes reprises en prison. Malgré ces difficultés, il est resté fidèle à sa foi. Il est mort martyr à Rome sous Néron.

Colisée romain situé à El Jem
en Tunisie.

© Les éditions La Pensée inc.

8. La crucifixion:

Texte original de Chrystian Boyer, historien et bibliste

En faisant le signe de la croix, les chrétiens évoquent de quelle façon est mort Jésus-Christ: crucifié, c'est-à-dire cloué sur une croix. La croix étant devenue de nos jours le symbole par excellence des chrétiens, on pourrait avoir tendance à oublier son origine et sa signification.

La croix, c'est d'abord un instrument de supplice horrible. Dans l'Antiquité, c'était la façon par laquelle les Romains exécutaient les esclaves (et ceux qui n'étaient pas citoyens de Rome) coupables de crimes contre l'État. Jésus-Christ n'est donc pas le seul à avoir été mis à mort de cette façon. La crucifixion avait été utilisée par les Perses dès le VIe siècle avant notre ère, et les Romains l'ont utilisée jusqu'au IVe siècle de notre ère, époque à laquelle Constantin, un empereur romain converti au christianisme, l'abolit officiellement.

Ce sont les écrits d'auteurs anciens et la découverte à Jérusalem des restes d'un individu crucifié au Ier siècle de notre ère qui ont permis aux historiens de se faire une idée de ce mode d'exécution. La croix était constituée d'une poutre verticale (la *crux*) haute d'environ trois mètres et plantée en terre, sur laquelle était fixée une poutre horizontale (le *patibulum*). On ne sait pas précisément si le condamné devait d'abord ne porter que le *patibulum* (comme on le voit dans le film *Jésus de Nazareth*) ou plutôt toute la croix, comme le laissent entendre les Évangiles (Mc 15, 21). L'évangéliste Marc précise qu'un passant fut réquisitionné pour porter la croix de Jésus jusqu'au lieu du supplice.

Le condamné à mort était crucifié complètement nu. Il était cloué aux poignets — dont les os sont plus solides que ceux des mains — et aux talons, sans doute l'un sur l'autre. La position du crucifié, suspendu par les bras, l'empêchait de respirer normalement; il ne pouvait pas inspirer, mais seulement expirer l'air de ses poumons. Afin de reprendre son souffle, le crucifié devait tirer sur ses poignets et pousser sur ses pieds, de façon à redresser momentanément son corps. La mort par asphyxie, c'est-à-dire par arrêt respiratoire, survenait lorsque le crucifié n'avait plus la force de se soulever ou lorsqu'il était trop affecté par la tétanisation de ses muscles (crampes). Un petit bout de bois était cloué sur la croix sous les fesses du crucifié, afin de former un siège rudimentaire empêchant le corps de s'affaisser complètement, ce qui aurait provoqué rapidement la mort du condamné. La mort était donc lente et atroce. Un crucifié pouvait survivre sur la croix plusieurs jours, mais parfois simplement quelques heures, surtout lorsqu'il avait été préalablement flagellé (fouetté), comme ce fut le cas pour Jésus-Christ (Mc 15, 15).

Mélanie Dubois

Les Romains se servaient de la crucifixion comme moyen de dissuasion: « Voyez ce qui arrive à ceux qui osent braver le pouvoir impérial ! » Les condamnés à mort étaient exécutés non loin de la ville, de façon à ce que tous ceux qui passaient par là puissent assister à l'affreux spectacle. On fixait sur la croix ou autour du cou du condamné un

écriteau (le *titulus*) indiquant les motifs de la condamnation à mort. Les Évangiles rapportent que sur le *titulus* de Jésus était inscrite la mention «Roi des Juifs» (Mc 15, 26). On voit donc que les Romains ont condamné Jésus parce qu'ils avaient vu en lui un individu susceptible de se faire proclamer roi par la population. Évidemment, Jésus ne cherchait pas à faire une révolution politique — plutôt à susciter une «révolution des cœurs» —, mais les Romains, qui avaient déjà eu affaire à plusieurs agitateurs dangereux, semblent n'avoir pas voulu prendre de risques, quitte à mettre à mort un innocent...

Lorsqu'on réalise le caractère particulièrement cruel et ignominieux de la crucifixion, on comprend mieux que la proclamation par les premiers chrétiens d'«*un Christ crucifié*» ait pu paraître «scandale pour les Juifs et folie pour les païens», comme l'écrit l'apôtre Paul (1 Co 1, 23). On comprend aussi que les chrétiens aient attendu quelques siècles avant de représenter Jésus sur une croix, et que les premières représentations de Jésus-Christ crucifié le montrent glorieux et victorieux sur sa croix, laissant peu transparaître la dure réalité de la crucifixion. En faisant le signe de la croix, ou en portant une petite croix dans le cou, les chrétiens d'aujourd'hui rappellent toutes les souffrances que Jésus-Christ a endurées pour défendre la cause de Dieu et des hommes, la paix, l'amour et la justice dans le monde.

Chrystian Boyer, historien et bibliste

9. Les femmes:

Photo: http://www.womenpriests.org/gallery/mast_pic.asp

Dans l'Église primitive, certaines femmes jouaient un rôle important. Cela s'explique entre autres par le fait que les réunions avaient principalement lieu à l'intérieur des foyers. Parmi ces femmes ayant joué un rôle important, citons Lydie dans Actes 16, 12-40. Il y a aussi Phoebé, «*diakonos*» (services) et porteuse de l'*Épître aux Romains*. Avec le temps, la religion chrétienne est passée de la sphère privée à la sphère publique et c'est ainsi que les femmes ont été graduellement mises de côté. Si aujourd'hui elles ont accès à des fonctions de ministres du culte chez les anglicans et les protestants, elles n'ont pas accès à la prêtrise ni chez les orthodoxes ni chez les catholiques. Chez ces derniers, il existe des discussions internes sur l'accès des femmes à la prêtrise. Citons entre autres le groupe *L'Autre Parole*, une revue à la fois catholique et féministe.

La première femme pasteur dans l'Église réformée de France a été consacrée en 1949. Son nom est Elisabeth Schmidt. Au Québec, on ne compte aujourd'hui qu'une dizaine de femmes pasteurs. Dans l'Église anglicane, entre 1994 et 2000, il y a eu environ 1 500 ordinations de femmes. La situation n'est cependant pas facile pour beaucoup d'entre elles. Certaines se disent victimes de discrimination de la part de leurs collègues masculins. De plus, les Églises de certains pays, tel l'Afrique du Sud, refusent toujours d'ordonner des femmes.

© Les éditions La Pensée inc.

10. La Réforme et la Contre-Réforme:

À la fin du XVe siècle et au début du XVIe, une suite de famines, d'épidémies et de guerres, souvent interprétées comme des châtiments divins, provoquent chez les gens un besoin de se rapprocher. Les frustrations sont nombreuses face à l'Église catholique romaine qui domine alors. Par ailleurs, il y a l'apparition d'une couche sociale plus lettrée qui apportera des idées nouvelles (dont une religion sans superstition) et l'émergence de l'humanisme. Les humanistes redécouvrent la Bible, effectuent un retour au texte original et tentent de débarrasser les Écritures des erreurs de traduction. Ils découvrent alors la différence flagrante entre la simplicité de l'Église apostolique et celle du christianisme de l'époque (nombreux rites, cérémonies et intermédiaires entre Dieu et l'humain). On commence alors à suggérer que seule la Bible devrait être la règle de conduite des chrétiens. Finalement, l'imprimerie, apparue vers 1450 sur le Rhin, permet la rapide diffusion et la construction d'idées publiques. La table était mise pour ce que nous appelons «la Réforme».

Basilique Saint-Pierre, Rome.

Chantal Bertrand

À 32 ans, Martin Luther (1483-1546) s'indigne contre la vente des indulgences (achat de pardon avec de l'argent afin d'accéder au paradis) aux vivants et aux morts. Les gains ainsi amassés serviront à la construction de la basilique Saint-Pierre. Pour Luther, le pardon est un don gratuit qui ne saurait être marchandé.

En 1517, il rédige 95 thèses voulant rappeler la doctrine traditionnelle de l'Église. Ces thèses sont des points à discuter et sont écrites en une simple phrase. Il les affiche sur la porte principale de l'église du château Wittenberg (Allemagne). Il refuse de se rétracter et sera excommunié. Il brûle publiquement la lettre d'excommunication. Il acquiert une certaine renommée et les gens sont nombreux à le suivre. Sa tête ayant été mise à prix, il se cache et en profite pour traduire le Nouveau Testament en allemand, afin de rendre ce texte sacré accessible au peuple.

 © Les éditions La Pensée inc.

Contre-Réforme

Ainsi que son nom l'indique, la Contre-Réforme est une réaction à la Réforme protestante. L'Église souhaitait corriger les abus ternissant son image. On entreprit une vaste campagne d'éducation des membres du clergé, notamment grâce à l'action d'Ignace de Loyola. En Espagne, Ferdinand et Isabelle instituèrent l'Inquisition, tribunal ayant pour mission d'étouffer l'hérésie et la non-orthodoxie. Paul III fit de même en Italie en 1542. Ce mouvement trouvera son expression et sa cohésion dans le concile de Trente, événement majeur dans l'histoire de l'Église et qui s'étalera sur 18 ans. Parmi les points importants, on a clairement délimité les responsabilités et pouvoirs des évêques. On a également interdit aux membres du clergé d'accepter en leur nom personnel de l'argent pour vente d'indulgences et on a établi un catalogue des livres interdits aux catholiques (l'Index). C'est donc grâce à l'ensemble de ces actions que l'Église a survécu à la Réforme.

11. Les différentes confessions chrétiennes:

	Catholique	Orthodoxe	Protestante	Anglicane
Lieux	Occident: Rome	Orient: Constantinople	Occident: Luther – Allemagne Calvin – Suisse	Occident: Angleterre
Organisation	Hiérarchisée et centralisée à Rome, plus précisément au Vatican.	Collégialité entre les Églises (autocéphales), et elles élisent leurs propres chefs.	Morcellement ecclésiastique dû à la liberté de conscience.	Hiérarchisée et centralisée en Angleterre, plus précisément à Cantorbéry.
Chef et statut	Le pape évêque de Rome est le chef spirituel des catholiques dits romains et chef temporel de l'État du Vatican.	Le patriarche de Constantinople (aujourd'hui Istanbul) conserve une primauté d'honneur: il convoque des conférences panorthodoxes.	Il n'y en a pas puisque l'organisation ecclésiastique est l'affaire des communautés.	L'archevêque de Cantorbéry qui préside le conseil d'évêques anglicans du monde n'a pas de pouvoir sur les églises de la communion anglicane.
Ministres du culte	Uniquement des hommes peuvent être ordonnés prêtres. Ils doivent être célibataires.	Uniquement des hommes peuvent être ordonnés prêtres. Ils ont la possibilité de se marier.	Il n'y a pas d'ordination. Il s'agit de pasteur, et des femmes peuvent être admises à cette fonction.	Les hommes et les femmes peuvent être ordonnés. Ils ont la possibilité de se marier.

© Les éditions La Pensée inc.

Raisons de la séparation avec l'Église de Rome		Schisme de 1054 à la suite de l'excommunication du patriarche de Constantinople par le pape Léon IX, celui-ci fait de même. Les raisons de cette séparation sont : introduction de nouveautés dans le culte catholique (usage de l'hostie, jeûnes, célibat des prêtres), le dogme de la Trinité (ajout « et du fils » à la formule « le Saint-Esprit procède du Père ») et un désaccord d'ordre institutionnel en ce qui concerne l'autorité centralisatrice de la papauté.	Mouvement chrétien de renouveau spirituel qui prend naissance en Europe pendant la Renaissance (XVIe siècle) sous l'impulsion de dissidents catholiques tels que Martin Luther puis Jean Calvin. Ils contestent entre autres les ambitions temporelles de la papauté, le luxe du haut clergé et l'ignorance dans laquelle est maintenu le peuple.	Refus du pape Clément VII de reconnaître le divorce du roi Henri VIII avec Catherine d'Aragon.
Sacrements	Il y en a sept : baptême, eucharistie, pardon, confirmation, mariage, ordination, l'onction des malades.	Il y en a sept : baptême, chrismation (qui succède immédiatement au baptême), eucharistie (donnée la première fois également directement après le baptême), Saints Dons, confession (réconciliation ou pardon), ordination, mariage, onction des malades.	En général, deux sacrements sont reconnus : le baptême et la Cène. Une grande importance est accordée à la parole (prédication).	Il y en a deux : le baptême et l'eucharistie. Ils ont aussi cinq rites sacramentaux : la confirmation, le mariage, l'onction de guérison, la confession et l'ordination sacerdotale.

 © Les éditions La Pensée inc.

Nomme des faits d'actualité où il est question du christianisme.

Si quelqu'un te demandait « quelle est la différence entre un catholique et un protestant ? », que répondrais-tu ?

© Les éditions La Pensée inc.

ÉVÉNEMENTS IMPORTANTS

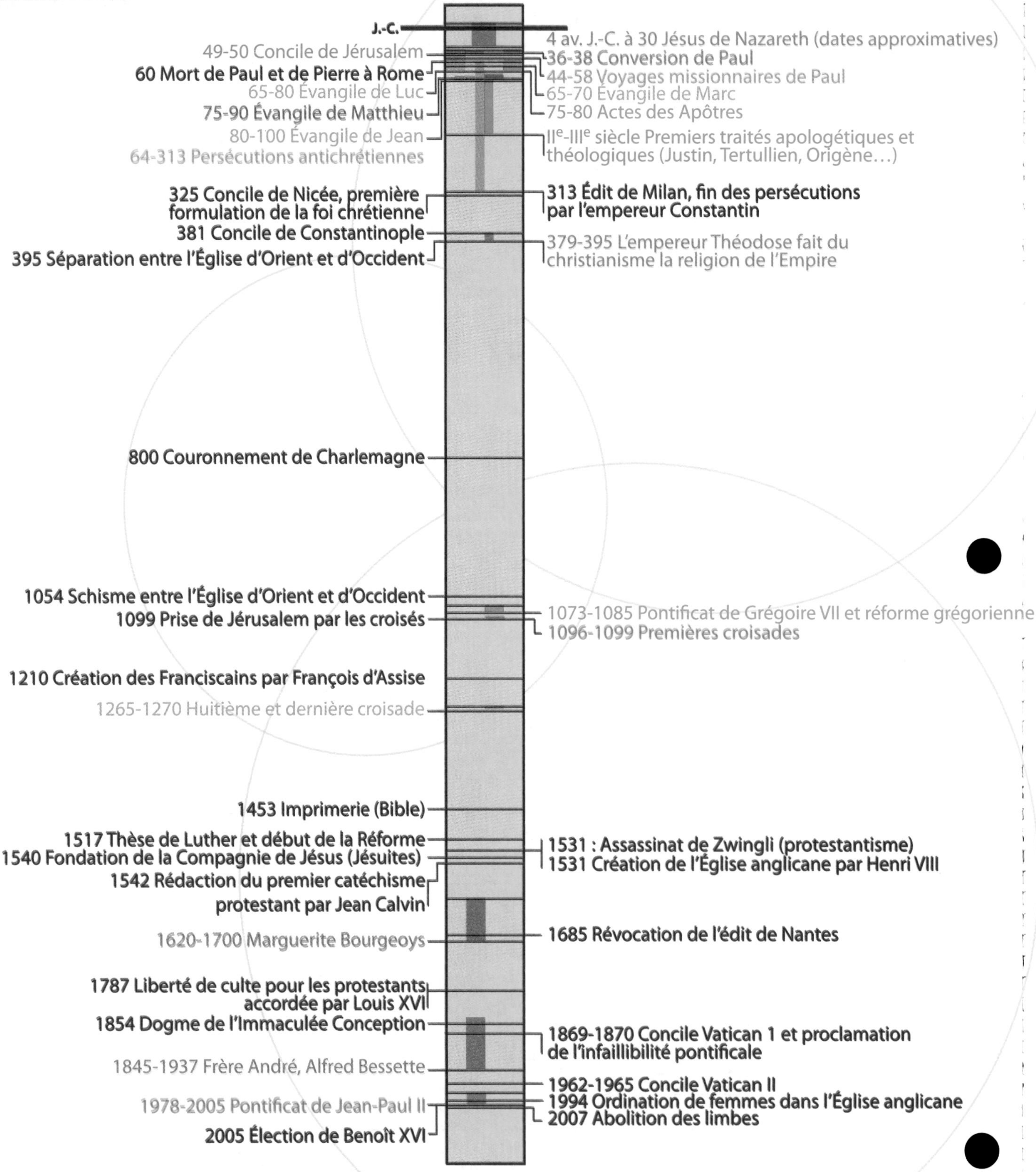

J.-C.

- 4 av. J.-C. à 30 Jésus de Nazareth (dates approximatives)
- 49-50 Concile de Jérusalem
- 36-38 Conversion de Paul
- 60 Mort de Paul et de Pierre à Rome
- 44-58 Voyages missionnaires de Paul
- 65-80 Évangile de Luc
- 65-70 Évangile de Marc
- 75-90 Évangile de Matthieu
- 75-80 Actes des Apôtres
- 80-100 Évangile de Jean
- IIe-IIIe siècle Premiers traités apologétiques et théologiques (Justin, Tertullien, Origène…)
- 64-313 Persécutions antichrétiennes
- 325 Concile de Nicée, première formulation de la foi chrétienne
- 313 Édit de Milan, fin des persécutions par l'empereur Constantin
- 381 Concile de Constantinople
- 379-395 L'empereur Théodose fait du christianisme la religion de l'Empire
- 395 Séparation entre l'Église d'Orient et d'Occident
- 800 Couronnement de Charlemagne
- 1054 Schisme entre l'Église d'Orient et d'Occident
- 1073-1085 Pontificat de Grégoire VII et réforme grégorienne
- 1099 Prise de Jérusalem par les croisés
- 1096-1099 Premières croisades
- 1210 Création des Franciscains par François d'Assise
- 1265-1270 Huitième et dernière croisade
- 1453 Imprimerie (Bible)
- 1517 Thèse de Luther et début de la Réforme
- 1531 : Assassinat de Zwingli (protestantisme)
- 1540 Fondation de la Compagnie de Jésus (Jésuites)
- 1531 Création de l'Église anglicane par Henri VIII
- 1542 Rédaction du premier catéchisme protestant par Jean Calvin
- 1620-1700 Marguerite Bourgeoys
- 1685 Révocation de l'édit de Nantes
- 1787 Liberté de culte pour les protestants accordée par Louis XVI
- 1854 Dogme de l'Immaculée Conception
- 1869-1870 Concile Vatican 1 et proclamation de l'infaillibilité pontificale
- 1845-1937 Frère André, Alfred Bessette
- 1962-1965 Concile Vatican II
- 1978-2005 Pontificat de Jean-Paul II
- 1994 Ordination de femmes dans l'Église anglicane
- 2007 Abolition des limbes
- 2005 Élection de Benoît XVI

 © Les éditions La Pensée inc.

L'islam

L'islam est la religion des musulmans. Islam est un mot d'action signifiant « se soumettre à ». Il s'agit donc de se soumettre à la volonté divine. C'est Muhammed qui est considéré comme étant le fondateur de cette religion. Il est le dernier prophète, le premier étant Adam suivi entre autres de Noé (dont l'arche représente la reprise de l'alliance avec Allah), Abraham, Moïse et Jésus.

1. Symbole:

Il y a différentes explications relativement à la signification du croissant de lune et de l'étoile. L'une des théories est que la lune et les étoiles guidaient et éclairaient les nomades dans le désert. Aujourd'hui, l'islam guide et éclaire ses adeptes. L'autre théorie est que la nouvelle lune joue un rôle majeur dans le calendrier musulman.

2. Représentations:

Dieu : Allah est le Dieu unique souverainement libre. Il existe de toute éternité, il a 99 attributs (miséricordieux, etc.) dont le nom d'Allah est le 100e. De plus, il n'a aucun « partenaire ». Sa transcendance le rend majestueux, inaccessible, et elle confère à sa miséricorde un caractère condescendant. Le croyant doit avant tout l'adorer et se soumettre à ses prescriptions. Mais tout en étant transcendant, Dieu est aussi immanent : il est un Dieu proche. « Dieu est plus près de l'être humain que la veine de son cou. » (Coran)

L'Univers : Sa représentation est essentiellement la même que celle du judaïsme et du christianisme. Selon la Genèse, Dieu créa la Terre en premier, puis les animaux et enfin l'être humain.

© Les éditions La Pensée inc.

3. Rites:

Cinq piliers	Explications
Proclamation de la foi (shahada)	«J'atteste qu'il n'y a pas d'autres dieux qu'Allah et que Mahomet est son prophète.» Cette affirmation doit être dite devant témoins, avec sincérité et en arabe, pour que celui qui le prononce devienne aussitôt un musulman.
La prière (salat) 	Elle doit être faite cinq fois par jour: à l'aube, au milieu du jour, dans l'après-midi, au coucher du soleil et le soir. Le croyant doit d'abord faire des ablutions (se laver les pieds, les mains et le visage), afin de se purifier. La prière se fait dans un espace sacré délimité par un tapis et le croyant doit s'orienter vers La Mecque.
L'aumône (zakat)	Les musulmans qui en ont les moyens doivent verser une certaine partie de leurs revenus aux plus démunis.
Le jeûne du ramadan 	Le neuvième mois du calendrier musulman, entre l'aurore et le coucher du soleil, le croyant ne doit ni manger, ni boire, ni fumer ni avoir de relations sexuelles. Les femmes enceintes, les vieillards, les jeunes enfants, les malades et les femmes menstruées peuvent ne pas respecter ces prescriptions. Cette pratique a pour but de purifier le pratiquant et de solidariser les riches et les pauvres (tous ont faim!).
Le pèlerinage 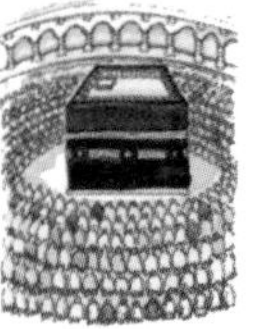	Chaque croyant qui en a les moyens doit se rendre une fois dans sa vie à La Mecque.

 © Les éditions La Pensée inc.

Fêtes:

Le vendredi: C'est le jour de la prière et du prêche à la mosquée.

L'id al-Fitr: Cette fête marque la fin du ramadan, elle est une invitation au partage et à la joie. Le croyant porte ses plus beaux vêtements et on échange des cartes de souhaits et des friandises.

L'id al-Adha (fête du mouton): Elle a lieu 70 jours après la fin du ramadan. On offre un agneau en mémoire du sacrifice d'Abraham. De plus, on échange des cadeaux et on mange en famille et entre amis.

Sacrifice de l'agneau lors de la fête (Maroc).

4. Lieu sacré:

La Mecque

La Mecque, ville natale de Muhammed se trouvant en Arabie saoudite, est le lieu où s'effectue le pèlerinage (*hadj*) prescrit dans les cinq piliers de l'islam. L'accès à La Mecque est interdit aux non-musulmans. Il s'agit d'une ville sainte pour les sunnites comme pour les chiites. Chaque année, on estime que 2,5 millions de musulmans effectuent le *hadj*.

C'est dans cette ville que le Prophète a commencé sa prédication. En 622, un événement majeur dans le monde musulman se produit: l'hégire (soit *exil* ou *rupture* en arabe). Il s'agit du départ de Muhammed et de croyants vers Médine en raison de menaces importantes contre lui et les siens. L'importance de ce « nouvel Exode » est telle qu'il constitue le point de départ du calendrier musulman.

En 628, malgré les hostilités à son égard, il décide d'aller faire un pèlerinage à la Kaaba, située à La Mecque, puisqu'il s'agit, pour lui, du Temple par excellence du Dieu unique. Il y gagne un prestige considérable. En 630, soit après moins de 10 années d'exil, il revient avec ses troupes en triomphateur dans sa ville natale à la suite de la reddition des Mecquois. Ces derniers se convertiront alors sans combat à l'islam.

© Les éditions La Pensée inc.

5. Éthique:

Un bon musulman doit être soumis à Dieu en respectant les règles suivantes : ne pas tuer, ne pas voler, ne pas faire de faux témoignages (mentir), ne pas commettre d'adultère, ne pas consommer d'alcool ni de porc, ne pas s'adonner aux jeux de hasard impliquant de l'argent, ne pas prêter de l'argent avec intérêts. De plus, il est interdit de représenter Dieu, ce qui est assimilé à de l'idolâtrie.

6. Textes sacrés:

Mélanie Dubois

Le Coran est le livre sacré des musulmans. La longueur du Coran est environ le tiers de la Bible. Il y a 114 chapitres, appelés sourates, et les versets sont appelés *aya*. Le Coran est la consignation écrite des révélations transmises par l'ange Gabriel à Muhammed tout au long de sa mission de prophète, soit pendant 22 ans. Dans la croyance musulmane, il s'agit mot à mot de la Parole d'Allah. C'est toujours lui qui parle, en utilisant le pluriel de majesté (nous). On distingue deux périodes dans la révélation, quand Muhammed réside à La Mecque, puis quand il réside à Médine. C'est vers 610 que Muhammed se présente comme le messager de Dieu. Soulignons que le mot *Coran* signifie « Récitation ». Il y a donc l'idée de transmission orale. À la mort du Prophète, on s'inquiète du sort des révélations et, vers 632, Abou Bakr s'emploie à regrouper le tout par écrit.

Savais-tu que Marie, mère de Jésus, est la seule femme à être mentionnée dans le Coran ? En effet, la sourate XIX lui est dédiée. Pour les musulmans, Marie est une femme importante, puisque par sa foi et sa parfaite soumission à la volonté de Dieu, elle est un modèle pour les croyants.

En plus du Coran, il y a les hadith qui forment le recueil des actions et des paroles de Muhammed. Ils sont divisés en deux sections. La première constitue la chaîne des transmetteurs (avant qu'on ne les écrive, elles circulaient par transmission orale) et la deuxième est le récit lui-même.

Ce que l'on appelle la sharia, soit la loi, est constituée du Coran, des hadith, de la sunna (la tradition) ainsi que du raisonnement (*qiyas*) qui fonctionne par analogie (si l'alcool est interdit, la marijuana l'est aussi).

 © Les éditions La Pensée inc.

7. Personnage important:

Muhammed ibn Abdallah, parfois appelé Mahomet en français, est né en Arabie, à La Mecque vers l'an 570 et est mort en 632. Selon les historiens musulmans, c'est à l'âge de 40 ans qu'il reçut la mission divine de devenir le prophète d'Allah auprès de son peuple. À sa mort, il avait réussi ce que personne d'autre n'avait fait, soit unifier presque toute l'Arabie sous son commandement.

8. Les femmes:

Le statut de la femme dans l'islam alimente beaucoup de débats. Au temps du Prophète, les dispositions coraniques apportaient une certaine avancée à la femme de l'Arabie du septième siècle. Citons par exemple la polygamie, qui se voit limitée à quatre épouses et uniquement dans la mesure où il est possible de les traiter toutes également. Le Coran condamne également l'infanticide des bébés filles (elles étaient alors vues comme des fardeaux). Des inégalités entre les hommes et les femmes se retrouvent néanmoins dans le Coran et dans la sharia. Par exemple, si les femmes peuvent témoigner, elles doivent être deux pour que leur témoignage équivaille à celui d'un homme. Le mari a autorité sur la femme et un droit de correction. Il peut la répudier unilatéralement alors que l'épouse doit recourir au tribunal. Il ne faut cependant pas oublier qu'il n'y a pas une seule situation de la femme musulmane, mais qu'il y en a autant qu'il y a d'époques, de cultures, de familles… Par exemple, le Pakistan, pays majoritairement musulman, a eu une femme comme premier ministre de 1988 à 1990 et de 1993 à 1996. Son nom est Benazir Bhutto. Elle a été assassinée le 27 décembre 2007 quelque temps après son retour d'exil.

Mariage à Djerba (Tunisie).

Savais-tu que c'est en 2005 à New York qu'une première femme-imam a dirigé la prière du vendredi devant une assemblée mixte? Il s'agit d'une théologienne musulmane d'origine africaine du nom d'Amina Wadoud. L'événement a provoqué de nombreux débats dans le monde musulman à travers le globe. Par exemple, le cheikh de la mosquée Al-Azhar du Caire, principale institution sunnite mondiale, reconnaît qu'une femme puisse diriger la prière, mais uniquement devant une assemblée de femmes. Pour les traditionalistes, il s'agit d'un acte de provocation hautement condamnable.

© Les éditions La Pensée inc.

9. Les sunnites et les chiites

À la mort du Prophète s'est posée la question de sa succession. On a choisi par consensus les califes parmi les compagnons du Prophète : Abou Bakr (632-634), Omar ibn al-Khattab (634-644), Uthman ben Affan (644-656) et Ali (656-661). L'élection de ce dernier a été contestée par ses ennemis, dont son rival Mou'âwiyya (qui lui succédera). Ali dut renoncer à ses droits avant d'être assassiné. Cette querelle de succession, dans laquelle se mêlent des raisons politiques et théologiques, mènera au schisme entre ceux que l'on appellera désormais les sunnites et les chiites. Ces derniers estiment que le califat revenait à Ali (cousin et gendre de Muhammed) et ensuite à son fils Husayn.

Le mot sunnite signifie « établi un chemin » et le mot chiite veut dire « le parti d'Ali ». Les sunnites sont majoritaires (90 % des musulmans dans le monde). Des différences théologiques ont été développées avec le temps. Cependant, les piliers, les dogmes et les thèmes centraux sont les mêmes dans les deux groupes.

Il y a également dans l'islam une branche mystique qu'on appelle « soufisme ».

Nomme des faits d'actualité où il est question de l'islam.

____

____

____

Trouves-tu que l'image de l'islam projetée dans les médias est conforme à ce que tu viens d'apprendre ? Explique ta réponse à l'aide d'arguments.

 © Les éditions La Pensée inc.

ÉVÉNEMENTS IMPORTANTS

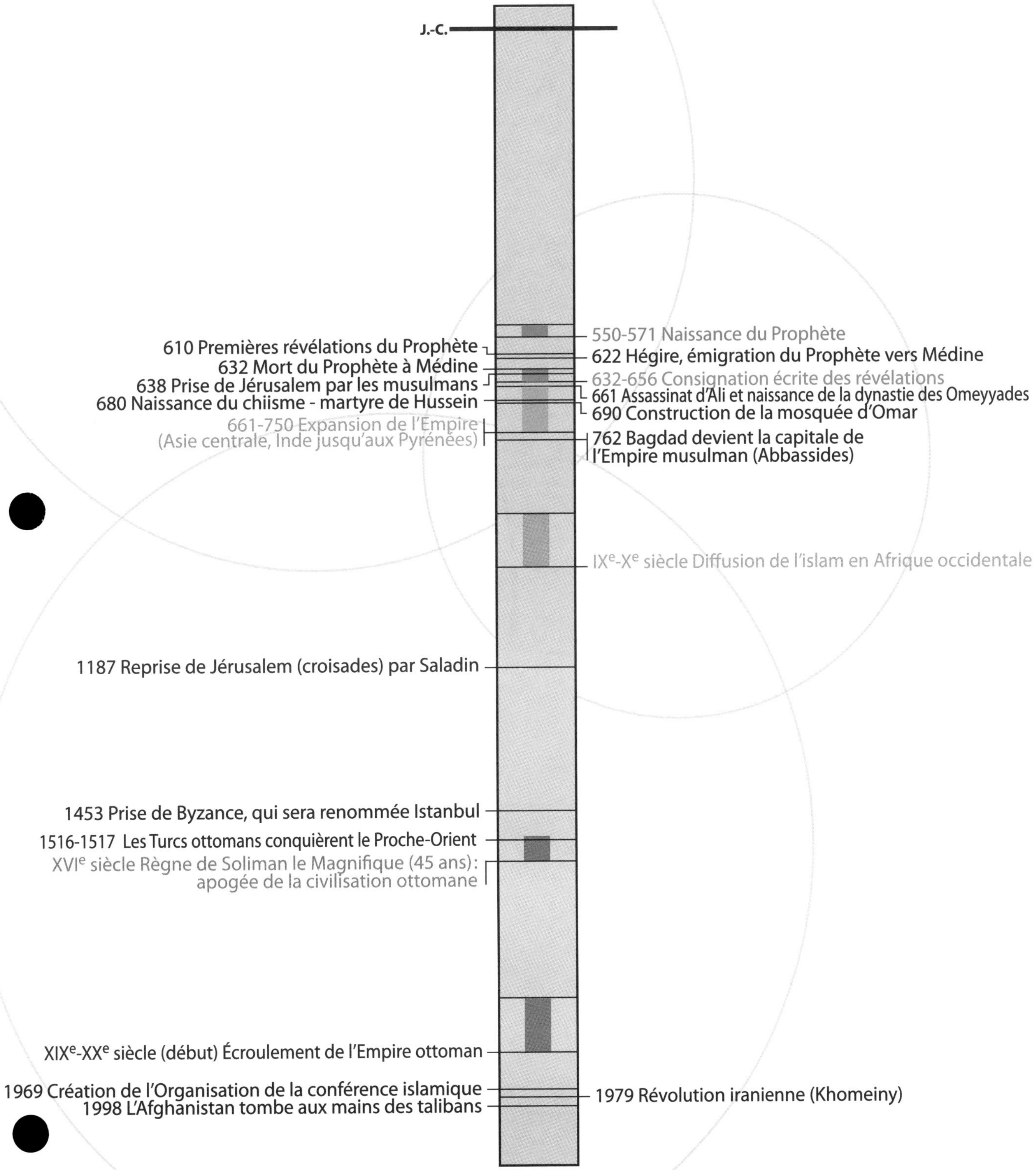

J.-C.

550-571 Naissance du Prophète

610 Premières révélations du Prophète

622 Hégire, émigration du Prophète vers Médine

632 Mort du Prophète à Médine

632-656 Consignation écrite des révélations

638 Prise de Jérusalem par les musulmans

661 Assassinat d'Ali et naissance de la dynastie des Omeyyades

680 Naissance du chiisme - martyre de Hussein

690 Construction de la mosquée d'Omar

661-750 Expansion de l'Empire (Asie centrale, Inde jusqu'aux Pyrénées)

762 Bagdad devient la capitale de l'Empire musulman (Abbassides)

IXe-Xe siècle Diffusion de l'islam en Afrique occidentale

1187 Reprise de Jérusalem (croisades) par Saladin

1453 Prise de Byzance, qui sera renommée Istanbul

1516-1517 Les Turcs ottomans conquièrent le Proche-Orient

XVIe siècle Règne de Soliman le Magnifique (45 ans) : apogée de la civilisation ottomane

XIXe-XXe siècle (début) Écroulement de l'Empire ottoman

1969 Création de l'Organisation de la conférence islamique

1979 Révolution iranienne (Khomeiny)

1998 L'Afghanistan tombe aux mains des talibans

© Les éditions La Pensée inc.

Nom : ______________________________ Groupe :

Fiche : Les religions monothéistes

Tâche de l'élève : Trouve les similitudes et les différences entre les trois religions monothéistes et inscris tes trouvailles dans les cercles appropriés.

© Les éditions La Pensée inc.

Les religions «orientales»

L'hindouisme

L'hindouisme est la religion de l'Inde, basée sur les Veda. Elle est la religion qui est la plus difficile à définir puisqu'il y a une multitude de croyances et de voies de libération. En effet, il est possible de rencontrer un hindou qui pratique le yoga et voue des cultes à plusieurs dieux et un autre qui ne vénère qu'une seule divinité. En fait, en sanskrit (langue classique de la civilisation brahmanique de l'Inde, les Veda, textes sacrés de l'hindouisme, sont écris en sanskrit), il n'y a pas de terme pour traduire le mot religion.

Concepts de base:

Le samsara: C'est le cycle des renaissances.

Le karma: Chaque action ou intention a ses conséquences qui poursuivent l'être dans le samsara. Cela justifie en quelque sorte le système des castes.

Le moksha: C'est la libération du cycle des renaissances.

1. **Symbole:**

«S'il fallait retenir un seul symbole pour représenter les traditions religieuses de l'Inde, ce serait vraisemblablement la syllabe sacrée AUM, le "germe", la "racine" de tous les mantras, le son primordial et éternel dans lequel se fondent le passé, le présent et l'avenir[24].»

2. **Représentations:**

Dieu: Comme nous l'avons vu précédemment, l'hindouisme est une religion polythéiste. Néanmoins, il y a trois dieux importants:

1. Brahma, le créateur;
2. Vishnu, le conservateur;
3. Shiva, le destructeur.

L'Univers: Il est régi par un ordre universel, unique et éternel: le dharma. Celui-ci concerne tous les êtres vivants et s'applique d'une façon différente selon la position sociale du croyant appelée varna. Les quatre varnas sont:

1. **Les brahmanes** (prêtres): Ils exercent une fonction sacerdotale en conservant les écritures, la liturgie et l'enseignement; ils sont aussi responsables des rituels;

Haridwar, Népal: Shiva tenant Parvati morte dans ses bras.

[24] http://www.religion.uqam.ca

© Les éditions La Pensée inc.

2. **Les ksatriya** (guerriers) : Ils jouent un rôle administratif ou politique ;
3. **Les vaishya** (paysans) : Ce sont les commerçants, les agriculteurs ou les artisans ;
4. **Les sudra** (manœuvres) : Ils sont au service des trois autres classes ;

Il existe une autre classe de gens qu'on appelle **les intouchables** : Ils sont exclus des varnas, ne sont pas considérés comme des êtres humains et ils sont tellement impurs qu'ils « polluent » tout ce qu'ils touchent.

Représentation de la vie idéale :
Dans l'hindouisme, il y a un cheminement de vie dit « idéal » divisé en quatre stades. Chacun de ces stades s'étale sur une période d'environ vingt ans. Cependant, ce parcours n'est accessible qu'aux « deux fois nés », c'est-à-dire aux personnes appartenant aux trois premières varnas. Enfin, le respect de ce parcours permet d'amasser de bons karmas et ainsi de pouvoir se libérer du cycle des réincarnations.

1- **L'étudiant** (*brahmacarin*) : Moment où le jeune homme acquiert des connaissances, à l'aide d'un guru, sur son futur métier et sur sa religion.

2- **Le chef de famille** (*grhastha*) : Vers la mi-vingtaine, il est temps de se marier et d'avoir des enfants.

3- **L'ermite** (*vanaprastha*) : Lorsque l'homme est devenu grand-père, il peut se retirer dans la forêt pour se consacrer à sa vie religieuse. Il coupe graduellement les liens avec les membres de sa famille.

4- **Le renonçant** (*samnyasin*) : vers l'âge de 75 ans, l'homme s'exclut complètement de la société et devient mendiant. Il effectue des jeûnes et médite dans le but d'atteindre la libération (*moksa*). Les gens qui parviennent à ce stade jouissent d'un grand respect, puisqu'ils sont des exceptions. La plupart des gens préfèrent adopter des pratiques religieuses moins contraignantes.

La femme : Ces quatre stades sont réservés aux hommes. La femme a pour mission d'être une bonne épouse. Si son mari décide de devenir un ermite, sa femme n'a d'autre choix que de le suivre ou de se mettre sous la protection de son fils.

 © Les éditions La Pensée inc.

3. **Rites et mythes:**

Fêtes	Signification
Makara Sankrânti	Fêtes des récoltes et du renouveau du soleil (février)
Mahashivratri 	Grande nuit de Shiva (mars)
Holi	Festival du printemps, du Nouvel An et du dieu Amour (mars)
Rama Navami 	Naissance de Rama, héros de l'épopée de Ramayana
Janmashtami 	Naissance de Krishna (août)
Ganesha-Chaturthi 	Fête de Ganesha, divinité des commencements et du commerce, ainsi que dieu des rédacteurs et des écrivains (septembre)
Navaratri	Rappel du conflit entre Rama et le roi des démons, ainsi que de la victoire de la déesse Durga
Divâli	Fête des lumières en automne, souvent associée à la prospérité (octobre)

© Les éditions La Pensée inc.

4. Lieu sacré:

Bénarès[25]

Bénarès est située le long du Gange en Inde et est considérée comme une ville sacrée par les hindous. Elle est aussi un lieu de pèlerinage par excellence, puisqu'elle permet aux pèlerins de faire leurs ablutions (aube et aurore) dans le fleuve sacré et qu'elle est la demeure de Shiva (dieu de la destruction). De plus, lorsqu'un croyant meurt dans cette ville, il obtient automatiquement la libération du cycle des réincarnations (samsara).

5. Éthique:

Il y a quatre règles à respecter dans la vie d'un hindou:

Sur le plan terrestre:
- Le kama: le plaisir, incluant le plaisir conjugal;
- L'artha: les règles de la société (politiques et sociales);

Sur le plan spirituel:
- Le dharma: le devoir religieux;
- Le moksha: la libération du cycle des naissances et des renaissances.

6. Textes sacrés:

Les livres sacrés de l'hindouisme sont consignés dans les Veda. Les deux livres les plus connus sont la *Bhagavad-Gita* et le *Kama-sutra*.

Les Veda

Les Veda sont une vaste littérature comprenant les textes dits védiques, c'est-à-dire des textes religieux ou poétiques. Ils ont été écrits en sanskrit entre 1500 et 500 av. J.-C. et apportés en Inde par les Aryens. Certains affirment que la tradition orale remonterait à 4000 ans av. J.-C. Il s'agit d'un recueil rédigé en vers (cela facilite la transmission orale). C'est un traité de rituels, car cette religion est surtout basée sur les rites. Il est considéré comme étant le savoir suprême, et on y trouve, en plus des rituels, des spéculations sur le sens de la vie, etc. Les *Veda* sont divisés en quatre parties. À lui seul, le *Rigveda* comporte 10 volumes dont chacun a la grosseur de la Bible. Il y a aussi le *Samaveda* (mélodies), le *Yajurveda* (formules) et l'*Atharvaveda*. Cette dernière partie ne jouait pas de rôle à l'origine dans les rituels. Le terme *Veda* vient du sanskrit et signifie «savoir» ou «révélation divine».

[25] Source: CHARBONNEAU, Nicole-Andrée, et Simon DERASPE. *La tradition hindoue Au-delà des apparences*, Montréal, les éditions La Pensée inc., 2002, p. 49-50.

 © Les éditions La Pensée inc.

La *Bhagavad-Gita*

La *Bhagavad-Gita* est le livre sacré pour les dévots de Krishna et un des livres sacrés de l'hindouisme. Elle fait partie d'un écrit volumineux nommé *Mahabharata* qui signifie «grandes luttes des Bharata».

La *Bhagavad-Gita*, soit *Le chant du bienheureux*, est également surnommée la «Bible hindoue». On y raconte l'histoire d'Arjuna, l'ami de Krishna, qui s'interroge sur la souffrance et le sens de l'existence, alors qu'il est sur le point d'engager un combat fratricide. C'est dans ce contexte que Krishna délivre son enseignement, consigné dans ce livre sacré.

Il y explique en détail la nature de l'âme et du cosmos, mais aussi la réincarnation, diverses formes de yoga et la libération. Le tout est expliqué en 700 versets écrits en sanskrit (une des plus anciennes langues du monde).

C'est sur ce livre que s'appuie la croyance des dévots de Krishna. Ils en offrent une traduction incluant les versets originaux en sanskrit, leur traduction et leur signification.

«On croit généralement que la non-violence implique seulement de ne pas tuer ou porter atteinte au corps, mais la vraie non-violence consiste surtout à n'être cause d'aucune angoisse pour autrui[26].»

Le *Kama-sutra*

Peut-être es-tu surpris ou surprise d'apprendre que le *Kama-sutra* est un livre religieux? En effet, il est avant tout un traité apportant de bons conseils sur la vie amoureuse dont: comment se choisir une bonne épouse, les droits et les privilèges de l'épouse, les buts de la vie, comment avoir une vie de couple harmonieuse, etc.

7. Personnage important:

Il n'y a pas de fondateur dans l'hindouisme, mais une personne est son plus célèbre représentant: Gandhi.

Mohandas Karamchand Gandhi

Mohandas Gandhi, que l'on appelle souvent le Mahatma, soit Grande Âme, est né en Inde en 1869, dans la varna des ksatriya. C'est en Angleterre qu'il obtint son diplôme d'avocat. Après avoir pratiqué en Inde, il alla travailler en Afrique du Sud. C'est là qu'il découvrit l'ampleur de la discrimination raciale. Sa vie changea de chemin le jour où il fut expulsé d'un train après avoir refusé de céder sa place à un Blanc. C'est alors qu'il décida de se battre pour l'égale dignité entre les peuples, les gens plus défavorisés étant les travailleurs indiens, et pour la décolonisation de son propre pays.

[26] *La Bhagavad-Gita telle qu'elle est*, traduction du texte sacré pas sa Divine Grâce A.C. Bhaktivedanta Swami Prabhupada

© Les éditions La Pensée inc.

La non-violence a toujours été à la base de toutes ses luttes et de ses victoires. Personnage fort charismatique, il était très apprécié des médias, mais aussi de la population. Il fut néanmoins emprisonné très souvent et profita de ces temps de détention pour réfléchir, méditer et élaborer des stratégies. Il effectua de nombreuses marches à travers l'Inde, voyagea en troisième classe, parla beaucoup avec les gens du peuple, etc.

Il ne souhaitait ni la célébrité ni la fortune, mais l'on parla rapidement de lui dans les médias à travers le monde, ce qui l'aida sans doute dans sa lutte.

En 1947, il gagna son grand pari : l'Inde obtint enfin son indépendance, l'Empire britannique n'ayant pas su comment se défendre contre la non-violence. Cependant, les Indes furent divisées en deux pays selon la religion dominante : l'Inde et le Pakistan. Il s'opposa à cette division, mais un fanatique hindou finit par l'assassiner.

Cette philosophie de la non-violence comme action politique inspira Martin Luther King dans son combat pour l'égalité entre les Noirs et les Blancs aux États-Unis.

8. Les femmes:

Julie Vig

Nous avons vu que la littérature védique est fort vaste. Ainsi, la situation de la femme diffère selon les livres et les époques où ils ont été écrits. À l'époque védique (1500 à 500 avant notre ère), elle jouissait d'une position plutôt favorable, avec le droit d'étudier les textes sacrés, droit qui lui sera retiré à l'époque brahmanique (500 avant notre ère à aujourd'hui). Selon la littérature védique, la femme doit considérer son mari comme un dieu. Cela nous ramène aux tristement célèbres *satis*, ces femmes qui s'immolaient dans le feu pour suivre leur défunt époux dans la mort. Cette coutume a été abolie par les Anglais en 1829. Malgré cette interdiction légale, des cas subsistent encore de nos jours.

9. Quelques sectes au sein de l'hindouisme

Une secte est un mouvement fondé par une personnalité dont l'activité se veut souvent réformatrice, c'est-à-dire désirant revenir à des formes plus pures. Cependant, elle peut aussi, au contraire, se vouloir plus progressiste. Dans l'hindouisme, les sectes se comptent en milliers.

 © Les éditions La Pensée inc.

Enfants déguisés en Shiva.

Les shivaïtes
Shiva est le patron naturel des entreprises littéraires, ce qui explique sans doute que ce courant est principalement celui des lettrés. Bref, les shivaïtes adorent le dieu Shiva. Dans nombre de sectes associées à ce mouvement, on met de l'avant le processus d'identification de l'individu avec l'Être suprême. Le yoga et le tantrisme sont des moyens privilégiés à cette fin.

Les vishnuites
Vishnu est le dieu conservateur et les adeptes de cette secte le vénèrent. Encore une fois, il y a de nombreux sous-groupes dans cette division. On y trouve entre autres des adeptes de l'amour dévot (personnes pratiquant un zèle dans la religion et dans les pratiques religieuses) et ceux qui chantent des «glorifications», sorte de sermons à l'adresse du dieu Vitthal (être divin confondu à Vishnu).

Les sadhus sont sans doute les adeptes les plus intrigants. On peut les retrouver dans les deux groupes vus précédemment.

Enfant sadhu de la tradition gorakhnath.

Le sadhu est une personne qui s'engage, à l'aide d'un guru, dans une quête spirituelle difficile, puisqu'il décide de renoncer à tout: sa famille, sa caste, à se couper les cheveux, à posséder une maison et même à dormir dans un lit. Des hommes, des femmes, des enfants et des gens provenant de toutes les castes peuvent devenir sadhu.

Nomme des faits d'actualités où il est question de l'hindouisme.

____

____

____

Crois-tu que Gandhi soit un bon modèle et pourquoi?

____

____

____

© Les éditions La Pensée inc.

ÉVÉNEMENTS IMPORTANTS

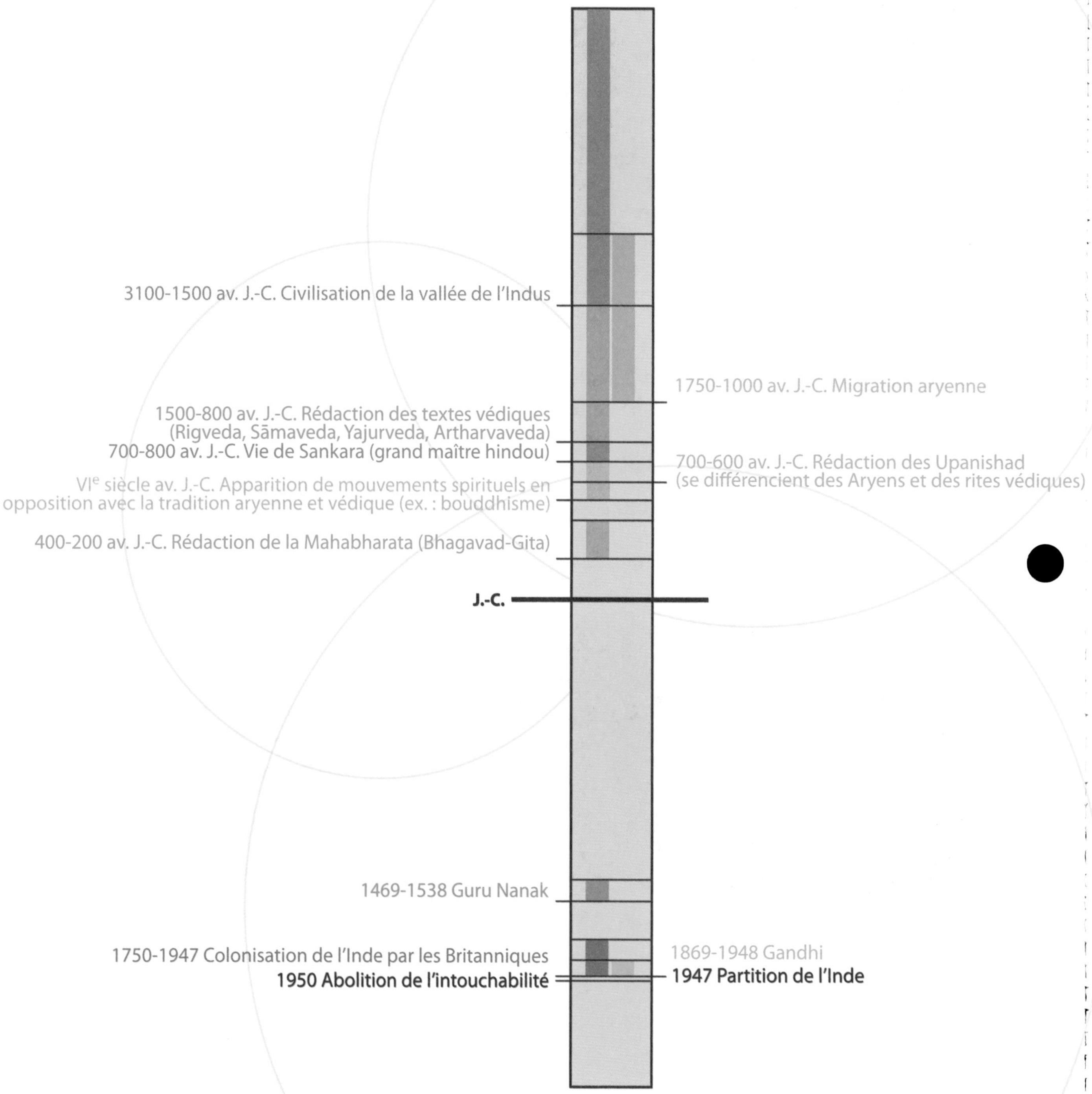

3100-1500 av. J.-C. Civilisation de la vallée de l'Indus

1750-1000 av. J.-C. Migration aryenne

1500-800 av. J.-C. Rédaction des textes védiques (Rigveda, Sāmaveda, Yajurveda, Artharvaveda)

700-800 av. J.-C. Vie de Sankara (grand maître hindou)

700-600 av. J.-C. Rédaction des Upanishad (se différencient des Aryens et des rites védiques)

VIe siècle av. J.-C. Apparition de mouvements spirituels en opposition avec la tradition aryenne et védique (ex. : bouddhisme)

400-200 av. J.-C. Rédaction de la Mahabharata (Bhagavad-Gita)

J.-C.

1469-1538 Guru Nanak

1750-1947 Colonisation de l'Inde par les Britanniques

1869-1948 Gandhi

1950 Abolition de l'intouchabilité

1947 Partition de l'Inde

*** Les dates précédant le VIe siècle av. J.-C. sont approximatives.**

 © Les éditions La Pensée inc.

Le bouddhisme

Le bouddhisme est une religion découlant de l'hindouisme. Il y a une multitude de bouddhismes. À la base des différentes écoles, il y a la conviction que ce qui est la cause de toutes les souffrances est le désir. Il faut donc le maîtriser. Cela passe par le «chemin à huit voies», aussi appelé le «chemin du juste milieu», que l'on peut diviser en trois catégories. Il y a la sagesse, la conduite éthique et la discipline mentale.

Concepts de base:

Le samsara: C'est le cycle des renaissances.

Le karma: Chaque action ou intention a ses conséquences qui poursuivent l'être dans le samsara.

L'atteinte du nirvana: Extinction (nirvana), soit mettre fin au samsara. Lorsqu'une personne atteint le nirvana, elle obtient le titre de *bodhi* (éveillé ou illuminé).

1. Symbole:

«Symbole du cycle sans fin des naissances et des renaissances dans la pensée religieuse et philosophique de l'Inde, la roue est également associée au bouddhisme, où elle symbolise l'enseignement du fondateur. En effet, Siddhartha Gautama – le Bouddha – aurait, par son premier sermon, mis en route la roue du dharma – ou de la loi universelle. Les huit rayons de cette roue représentent en outre les huit étapes de l'octuple sentier menant à l'illumination.»[27]

Michel Ross

2. Représentations:

Dieu: Il n'y a pas de dieu dans le bouddhisme. Bouddha n'est pas une divinité: c'est un titre que tout le monde peut atteindre. Cependant, de nombreuses personnes lui rendent un culte et l'ont en quelque sorte déifié.

L'Univers: Les bouddhistes croient au cycle des naissances et des renaissances. Par contre, contrairement à l'hindouisme qui est élitiste, il n'y a pas de classes sociales. Donc, tous peuvent atteindre le nirvana. De plus, pour les bouddhistes, tout est éphémère et passager, tout est souffrance. Selon les enseignements du Bouddha, c'est en effet la souffrance résultant du désir qui est responsable du cycle des réincarnations et qui empêche l'être humain de se libérer.

[27] http://www.religion.uqam.ca

© Les éditions La Pensée inc.

3. **Fêtes et rites:**

Fêtes et rites bouddhistes

Fêtes	Explications	Précisions
Pratiques courantes	La méditation quotidienne. Au Canada, les temples bouddhistes organisent généralement un office le dimanche et proposent de la méditation en groupe les autres jours.	
Naissance de Bouddha L'illumination bodhi	Déterminée par le calendrier lunaire.	La tradition theravada[28] célèbre ces trois fêtes ensemble, alors que la tradition mahayana les fête séparément.
La mort de Bouddha	On fête son extinction finale (paranirvana) ; à cette occasion, on fait flotter des petites lampes.	
Le jour du dharma	On célèbre le premier sermon de Bouddha après son illumination, dans lequel il a expliqué les quatre nobles vérités et le noble octuple sentier.	

[28] Pour pluš d'explications sur les deux traditions, voir : CHARBONNEAU, Nicole-Andrée, et Simon DERASPE. *La tradition bouddhiste Le chemin de l'Éveil*, les éditions La Pensée inc., p. 44-45.

© Les éditions La Pensée inc.

4. Lieux sacrés:

Il y a quatre endroits sanctifiés dans le bouddhisme qui constituent des lieux de pèlerinage importants. Ils sont directement liés aux événements de la vie du Bouddha: Lumbini (village natal du Bouddha), Bodh-Gaya (endroit où le Bouddha reçut la révélation), Sarnath (village où le Bouddha commença sa prédication) et Kushinagara (lieu de la mort du Bouddha).

5. Éthique:

Il y a cinq règles à suivre:

- Le respect de la vie;
- Le respect de la propriété;
- Le refus de la sexualité désordonnée;
- Le respect de la vérité;
- L'abstinence de toute boisson enivrante.

6. Textes sacrés:

Dans la tradition bouddhique, les écritures anciennes sont divisées en trois corbeilles appelées Tripitaka :

1. Les Sutra (les sermons du Bouddha);
2. Le Vinaya (axé sur la discipline et la pratique);
3. L'Abhidharma (commentaires sur la doctrine bouddhique).

On appelle aussi les Tripitaka le canon pāli parce qu'il a été écrit dans cette langue (le pāli).

Au départ, l'enseignement du Bouddha se faisait oralement. Cependant, à la suite d'une famine qui a eu lieu IIIe siècle avant J.-C., plusieurs moines sont morts mettant ainsi en péril la sauvegarde des éléments de la doctrine. Les trois corbeilles furent donc mises par écrit.

7. Personnages importants:

Bouddha:

Michel Ross

On dit du prince Siddhartha Gautama, mieux connu sous son titre de Bouddha, qu'il est le fondateur du bouddhisme. Selon la croyance bouddhique, le prince aurait passé les premières années de sa vie bien à l'abri de toutes les réalités funestes dans son palais. Puis, il en serait sorti et aurait rencontré un malade, un cadavre (son premier) et un saint ascète. Réalisant qu'il en était voué lui aussi à la maladie et à la mort, et découvrant la souffrance humaine, il en éprouva un vif chagrin. Il aurait alors choisi une forme d'ascétisme qui était courante à l'époque (avec une grande importance accordée au jeûne), mais cela ne le réconforta pas. Il poursuivit donc sa quête spirituelle, découvrit le Bodh-Gaya et

© Les éditions La Pensée inc.

atteignit l'illumination, soit le statut de Bouddha. Il n'est donc pas un dieu, mais un modèle de sagesse, un maître à suivre. Bouddha étant un titre qui veut dire «éveillé», tout le monde peut devenir «bouddha».

Dalaï-lama:

«Le dalaï-lama est la manifestation du Bouddha de la compassion qui a choisi de se réincarner pour servir l'humanité. Dalaï-lama signifie «océan de sagesse». Le dalaï-lama est le chef spirituel et temporel du peuple tibétain. Tenzin Gyatso, le 14e dalaï-lama, est né le 6 juillet 1935 à Takhster au Tibet dans une famille de paysans. Reconnu à l'âge de deux ans selon la tradition tibétaine comme réincarnation du 13e dalaï-lama, il a été intronisé le 22 février 1940 à Lhassa, la capitale du Tibet. Il est Geshe Lharampa, c'est-à-dire docteur en philosophie bouddhiste. En 1950, les forces chinoises, avec à leur tête Mao Zedong, envahirent le Tibet. Sa vie étant en danger, le dalaï-lama trouva refuge en Inde en 1959 avec quelques milliers d'autres Tibétains qui le suivirent. Depuis lors, il ne cesse de plaider en faveur d'une solution négociée de la question tibétaine et il encourage son peuple à utiliser des méthodes non-violentes contre leurs envahisseurs. En 1989, ses efforts furent couronnés par le prix Nobel de la paix. Mais le Tibet est toujours occupé par la Chine et la culture de son peuple est de plus en plus menacée d'éradication[29] .»

8. Les femmes:

Le statut de la femme dans le bouddhisme est ambigu. Dans certains textes[30], on vante quelques femmes ayant atteint le nirvana alors que dans d'autres[31], on les dépeint comme des sources de souffrances. Il en va de même dans la pratique. Par exemple, si la femme peut être moniale, malgré le nombre d'années écoulées depuis le jour de son ordination, elle doit respect au jeune moine. Elle n'a pas le droit de lui enseigner, de le réprimander et doit le saluer respectueusement.

[29] http://www.amis-tibet.lu/PortraitDLHTML.html
[30] Les Therigatha
[31] Les Maharatnakatassuta

 © Les éditions La Pensée inc.

9. Écoles de tradition bouddhiste:

Voici un tableau représentant l'évolution de la tradition bouddhiste depuis sa fondation

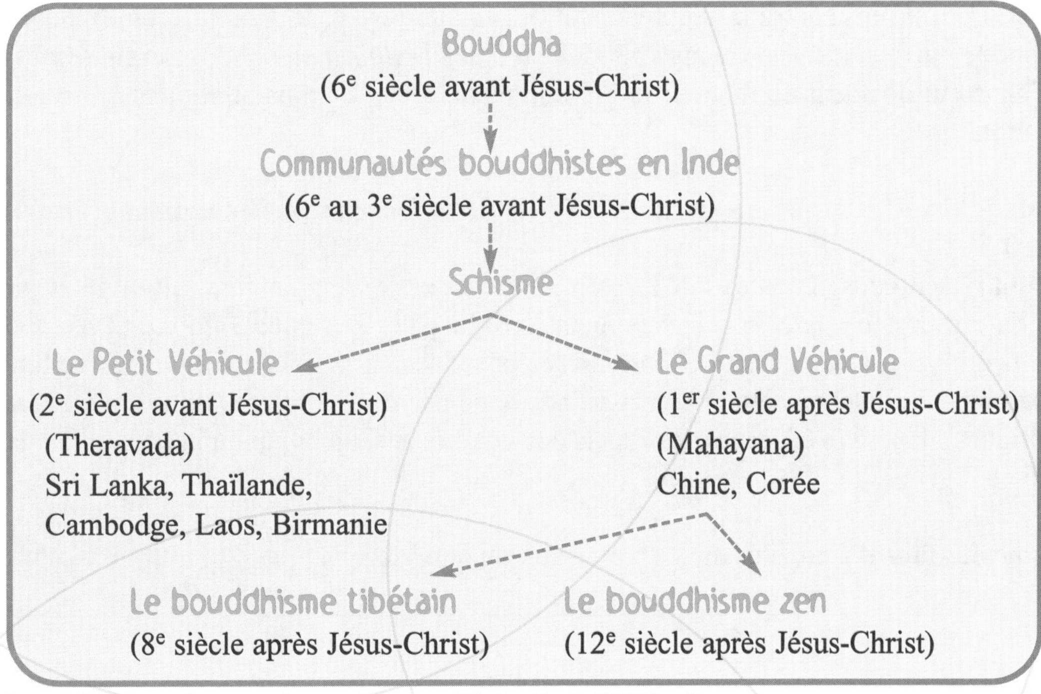

Le bouddhisme theravada, aussi appelé du Petit Véhicule

Centré sur la discipline structurant la vie spirituelle, ce mouvement a été créé à la suite d'une réorientation interne de la pensée bouddhiste. Un groupe d'anciens moines refusaient d'assouplir les règles monastiques dans le but d'accommoder des laïcs désirant également atteindre la libération. Theravada signifie justement «l'école des Anciens».

Moines au Népal.

***Bodhisattva* (période Ming), MBAM.**

© Les éditions La Pensée inc.

Le bouddhisme mahayana, aussi appelé du Grand Véhicule
Fondé sur le développement d'une compassion et d'un amour infinis. On y croit que la vie monastique n'est pas une prérogative pour la libération, donc qu'elle n'est pas l'apanage des moines. L'accent est mis sur sa propre libération ainsi que sur celle d'autruis et c'est pourquoi on appelle parfois ce mouvement «bouddhisme des *bodhisattvas*». Ces derniers sont des bouddhas qui décident de retarder le nirvana jusqu'à ce que tous atteignent le niveau de libération.

Le bouddhisme vajrayana, aussi appelé Véhicule de Diamant ou bouddhisme tantrique (Tibet)
Il s'agit d'une voie radicale, soit l'obtention de la libération sur une seule vie et non à l'intérieur d'un long parcours s'échelonnant sur plusieurs existences. On y a développé un large panthéon d'êtres surnaturels. Parmi les pratiques caractérisant ce courant, citons la récitation de formules (mantras), des visualisations ainsi que l'étude des tantras (textes sacrés ésotériques). Pour être efficaces, les rituels doivent être enseignés par un guru, soit un maître spirituel.

Nomme des faits d'actualités où il est question du bouddhisme.

Dans le bouddhisme, il n'y a pas de dieu. Explique pourquoi Bouddha n'est pas un dieu.

 © Les éditions La Pensée inc.

ÉVÉNEMENTS IMPORTANTS

Ier siècle av. J.-C. au Ier siècle Rédaction du canon de l'école Theravâda et du Sûtra du Lotus

IIe-IIIe siècle Implantation du bouddhisme en Chine et au Vietnam

372 Introduction du bouddhisme en Corée

Ve siècle Vie du Bouddha

552 Introduction du bouddhisme au Japon

604 Le bouddhisme devient un fondement de l'identité japonaise (constitution)

VIIe siècle Diffusion du bouddhisme au Tibet

842-845 Persécutions du bouddhisme en Chine

XIe-XIIe siècle Deuxième diffusion du bouddhisme au Tibet

1871 Grand concile du bouddhisme Theravâda à Mindon

Les dalaï-lamas au Tibet

Gedun Drub, 1er dalaï-lama, 1391-1474

Gedun Gyatso, 2e dalaï-lama, 1475-1542

Sonam Gyatso, 3e dalaï-lama, 1543-1588

Yonten Gyatso, 4e dalaï-lama, 1589-1616

Lozang Gyatso, 5e dalaï-lama « Le Grand », 1617-1682

Tsangyang Gyatso, 6e dalaï-lama, 1683-1706

Kelzang Gyatso, 7[e] dalaï-lama, 1708-1757

Jamphel Gyatso, 8e dalaï-lama, 1758-1804

Lungtok Gyatso, 9e dalaï-lama, 1806-1815

Tsultrim Gyatso, 10e dalaï-lama, 1816-1837

Khendrup Gyatso, 11e dalaï-lama, 1838-1856

Trinley Gyatso, 12e dalaï-lama, 1856-1875

Thubten Gyatso, 13e dalaï-lama, 1876-1933

Tenzin Gyatso, 14e dalaï-lama, 1935-

* Les dates et événements entourant la vie du Bouddha ne sont pas authentifiables historiquement, mais ils sont reconnus par la tradition.

© Les éditions La Pensée inc.

Nom : ______________________ Groupe : ________

Fiche: Les religions orientales

Tâche de l'élève: Trouve les similitudes et les différences entre les deux religions orientales et inscris tes trouvailles dans les cercles appropriés.

© Les éditions La Pensée inc.

L'athéisme

Et si, en plus, il n'y avait personne. – Alain Souchon

Athéisme/athée: Le mot *athéisme* provient de deux racines grecques «a» (non/ne pas) et « theos» (Dieu), donc: ***pas de Dieu***. Pour les personnes athées, il n'y a pas de Dieu ni d'explication surnaturelle aux phénomènes de la nature.

1. Symbole:

L'athéisme n'a pas de symbole le représentant.

2. Représentations:

Dieu et l'Univers: Il n'y a pas de divinité. L'humain, la Terre et l'Univers entier sont le fruit du hasard.

3. Quelques fêtes :

Aucune fête ne rassemble les athées.

4. L'éthique:

Il n'y a pas de code d'éthique reconnu par l'ensemble des non-croyants. Il ne faut cependant pas croire que de ne pas avoir la foi en une justice divine fait des athées des personnes immorales. Par exemple, dans *L'existentialisme est un humanisme*, Jean-Paul Sartre, père de l'existentialisme athée français, insiste sur la notion de responsabilité. Il affirme que l'humain est responsable de lui-même, mais aussi de tous les autres membres de son espèce. On peut d'ailleurs dire qu'il fut cohérent, alliant la vie intellectuelle à celle de militantisme. Il s'est entre autres impliqué contre la guerre en Algérie (le pays réclamait son indépendance et la France voulait garder le contrôle sur cette colonie), ce qui lui a valu des menaces et attentats contre sa personne.

5. Textes sacrés:

Il n'y a évidemment pas de texte sacré dans l'athéisme. Il y a cependant des auteurs importants. Citons entre autres Karl Marx, Jean-Paul Sartre, Simone de Beauvoir, Albert Camus, et plus récemment, André Comte-Sponville.

L'absurde, c'est la raison lucide qui constate ses limites. – Albert Camus

© Les éditions La Pensée inc.

6. Personnages importants:

Karl Marx 1818-1883

Sculpture de Marx et Engel.

Selon le *Larousse – dictionnaire de la philosophie*, c'est Marx et Feuerbach qui ont fait la théorie moderne de l'existentialisme. «[…] Toute croyance en Dieu est une "aliénation", une fuite devant la réalité, devant le problème fondamental, qui n'est pas celui de l'existence de Dieu, mais de l'avenir de l'homme[32]».

C'est dans cette optique que Marx a affirmé que la religion était l'opium du peuple. Il considérait que l'ouvrier, aliéné, ne se souciait pas de sa vie terrestre, car il croyait en une meilleure vie dans l'au-delà. Ceci était une erreur, selon Marx, puisqu'il considérait que le salut était ici-bas.

Jean-Paul Sartre
1905-1980

«Quand Dieu se tait, on peut lui faire dire ce que l'on veut.»
«Pas besoin de gril: l'enfer, c'est les Autres.»

Né en 1905, Jean-Paul Sartre fut un philosophe, un romancier, un auteur de pièces de théâtre et un journaliste engagé. Partons à sa découverte à l'aide de quelques-unes de ses célèbres maximes:

- «Je ne connais qu'une Église: c'est la société des hommes.»
  - Sartre, comme nombre d'intellectuels de l'époque, ne croit pas en Dieu. Il se considère comme un humaniste.
- «L'Homme est condamné à être libre.»
  - Cela signifie que l'humain est condamné, car il ne s'est pas créé lui-même, mais il est néanmoins libre, car il est responsable de tout ce qu'il fait.
- «L'existence précède l'essence.»
  - L'humain n'a pas une «nature» ou une «essence» qui soit bonne ou mauvaise et encore moins divine. Il existe et ensuite il se définit.

[32] DIDIER, Julia. *Larousse – dictionnaire de la philosophie*, Paris, 2001, p. 22.

Jean-Paul Sartre a aussi dit : « Il suffit qu'un seul homme en haïsse un autre pour que la haine gagne de proche en proche l'humanité entière. »

Et toi, qu'en penses-tu ? Explique ta réponse.

____

____

____

____

____

____

Simone de Beauvoir

1908–1986

Simone de Beauvoir était une écrivaine, romancière et essayiste, elle a enseigné la philosophie à Marseille, Rouen et Paris, et elle est la cofondatrice, avec Sartre, de la revue *Temps modernes*. Athée et grande existentialiste, elle a tenté de donner un sens à l'existence absurde par ses romans et ses autobiographies. Elle est aussi connue en tant que compagne de Jean-Paul Sartre ; certains journalistes la surnomment « la grande sartreuse ». Son apport intellectuel est de plus en plus reconnu et de nombreux travaux universitaires en philosophie et en littérature lui sont consacrés.

En 1949, elle publie *Le deuxième sexe*, qui fera scandale ! En effet, il était fort audacieux de proclamer qu'il n'y a pas « d'essence » masculine ou féminine, mais que du construit social. Comme nous l'avons vu, cette croyance est cependant en ligne droite avec la pensée existentialiste. Ce constat lui fera écrire la célèbre phrase : « **On ne naît pas femme, on le devient.** » De plus, elle détruit l'image autour de la « femme-mère » en niant l'instinct maternel des femmes (ce qui n'est pas la même chose que l'amour maternel). À la suite de cette publication, Simone de Beauvoir fera l'objet de nombreuses critiques et certains la traiteront d'« amazone existentialiste » ! Cependant, *Le deuxième sexe* deviendra l'ouvrage de référence du mouvement féministe.

Que penses-tu de l'affirmation de Marx : « La religion est l'opium du peuple » ? Explique ta réponse.

____

____

____

____

 © Les éditions La Pensée inc.

Pour les existentialistes, il n'y a pas de nature ou d'essence humaine. Si tu es d'accord avec cette affirmation, explique pourquoi. Si, au contraire, tu crois qu'il y a une nature humaine, explique pourquoi et spécifie si tu crois qu'elle est bonne ou mauvaise.

Explique ce que signifie la célèbre phrase de Simone de Beauvoir : « On ne naît pas femme, on le devient » et donne ton avis.

Es-tu d'accord avec Simone de Beauvoir lorsqu'elle affirme que l'instinct maternel n'existe pas en soi ? Explique ta réponse.

 © Les éditions La Pensée inc.

ÉVÉNEMENTS IMPORTANTS

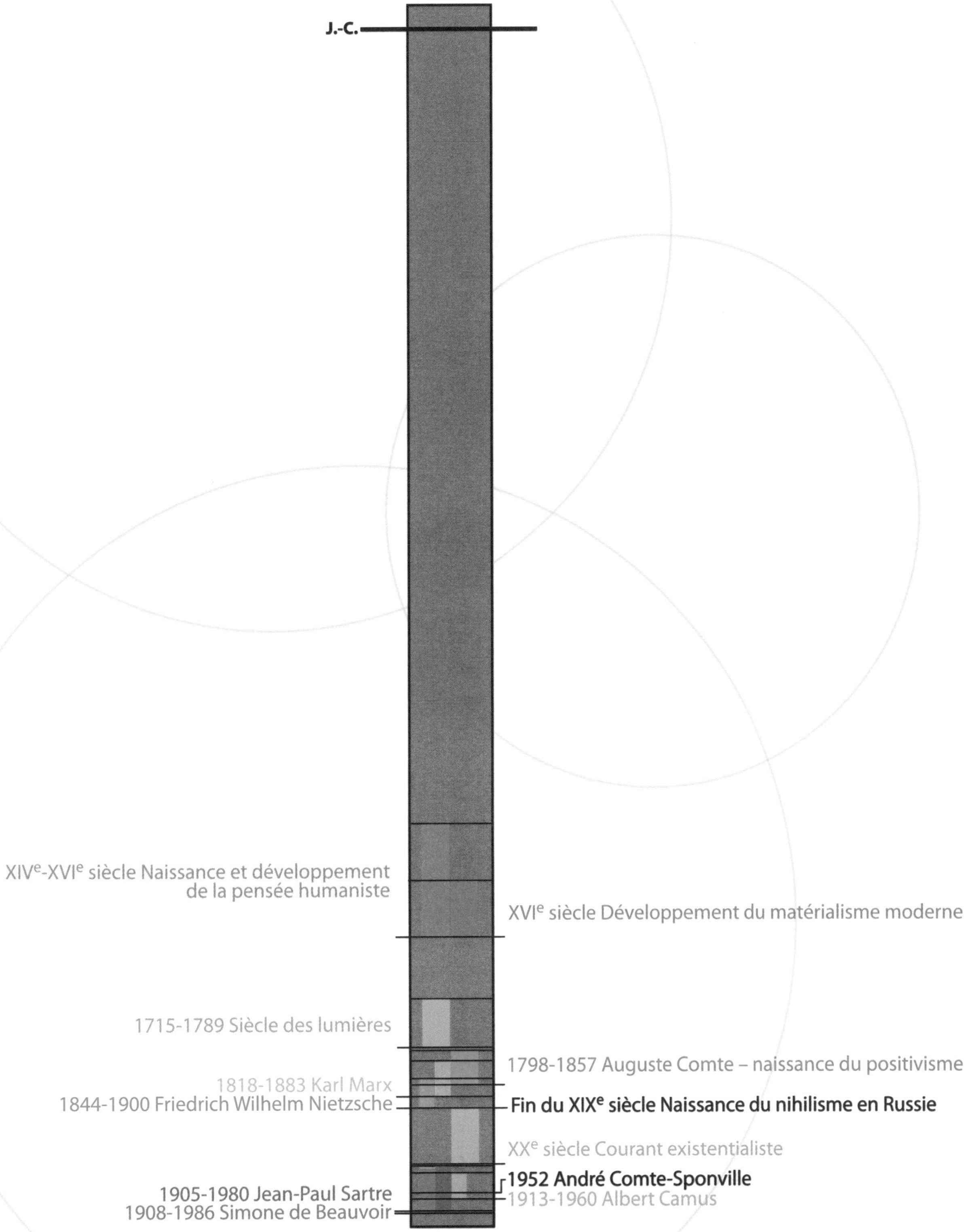

J.-C.

XIVe-XVIe siècle Naissance et développement de la pensée humaniste

XVIe siècle Développement du matérialisme moderne

1715-1789 Siècle des lumières

1798-1857 Auguste Comte – naissance du positivisme

1818-1883 Karl Marx

1844-1900 Friedrich Wilhelm Nietzsche

Fin du XIXe siècle Naissance du nihilisme en Russie

XXe siècle Courant existentialiste

1952 André Comte-Sponville

1905-1980 Jean-Paul Sartre

1913-1960 Albert Camus

1908-1986 Simone de Beauvoir

© Les éditions La Pensée inc.

Colloque des savoirs en histoire et en religion

Étape 1: Choisir un coéquipier ou une coéquipière/Choisir un sujet

Se mettre en équipe de deux. Choisir un sujet parmi ceux présentés à la fin de chacune des sections des religions. Faire approuver votre sujet.

Étape 2: Faire une recherche

À la suite de votre recherche, vous devez être en mesure de situer l'événement sur une ligne du temps. Vous pouvez expliquer votre sujet, dire dans quel contexte il s'inscrit (contexte social, historique, culturel…) et quel en a été l'impact (en quoi cela a transformé la tradition religieuse).

- Ce travail est à caractère scientifique, aucun élément de foi ne doit transparaître.
- Vous devez faire approuver vos sources par votre enseignante ou enseignant.

Étape 3: Préparer votre conférence (panel)

Préparer une conférence de cinq minutes où vous alternerez le tour de parole. Apporter une toute petite image (max.: cinq cm × cinq cm), afin de pouvoir la mettre sur la ligne du temps.
* Vous devez remettre une feuille sur laquelle vous inscrirez les étapes de l'ensemble de la construction de votre travail ainsi que les noms des élèves qui l'ont accompli (formation des équipes, division des tâches, recherche, mise en commun des informations, élaboration de la présentation, ainsi que les sources utilisées).

Étape 4: Colloque

Présentation de cinq minutes par équipe.
À la suite de votre conférence, l'auditoire sera invité à poser des questions aux panélistes. Ces questions pourront porter sur la compréhension, l'approfondissement du sujet, sur la méthodologie, etc.

Nom : ______________________ Groupe : ________

Fiche: Autoévaluation du travail d'équipe

Est-ce que chaque membre de l'équipe est satisfait du choix du thème?

Est-ce que chaque membre de l'équipe a eu l'occasion de s'exprimer?

Est-ce que le travail a été accompli équitablement entre les membres de l'équipe?

Avez-vous éprouvé des problèmes dans l'interaction avec les autres? Nomme ce qui a bien été et ce qui a causé des problèmes dans l'interaction avec les autres.

Comment peux-tu améliorer ton interaction avec les autres? Trouve deux moyens.

© Les éditions La Pensée inc.

Évaluation du Colloque	
Manifester une compréhension du phénomène religieux **Analyse détaillée d'une expression du religieux.** • Décrit et met en contexte une expression du religieux. • Explique ce que représente, signifie ou symbolise une expression du religieux (signification). • Explique l'utilité, l'utilisation ou le rôle d'une expression du religieux (fonction). • Associe une expression du religieux à une ou plusieurs traditions religieuses. **Explication des liens entre des expressions du religieux et des éléments de l'environnement social et culturel.** • Trouve des expressions du religieux à travers le temps et l'espace. • Fait des liens entre une expression du religieux et des éléments de l'environnement social ou culturel. • Explique ce qu'ont en commun ou ce qui distingue une expression religieuse et un élément de l'environnement social et culturel (origine, influence, réponses apportées à une question, etc.). • Explique ce que représente, signifie ou symbolise une expression de l'environnement social ou culturel (signification).	

Échelle d'appréciation				
A Très satisfaisant	**B** Satisfaisant	**C** Passable	**D** Insatisfaisant	**E** Nettement insatisfaisant

 © Les éditions La Pensée inc.

Nom: ______________________________ Groupe: ________

Fiche: Intégration

Tâche de l'élève: Réponds aux questions suivantes.

1- Écris au moins trois choses que tu as apprises durant ce colloque.

© Les éditions La Pensée inc.

2- Nomme deux choses que tu as apprises en ce qui a trait à la recherche et qui t'aideront dans tes futurs travaux.

 © Les éditions La Pensée inc.

Le féminisme: un autre regard sur la justice

Femmes hindoues.

Femme portant le niqab à Bethléem.

Une femme travaillant dans la rue avec son enfant.

La maternité, un enjeu important du féminisme.

© Les éditions La Pensée inc.

Un mouvement social visant l'égalité entre les deux moitiés de l'humanité (hommes et femmes) mérite certainement qu'on s'y attarde. Bien sûr, la situation des femmes au Québec n'est pas la même que celle des femmes en Afghanistan. Il faut pourtant se souvenir qu'il y a cent ans les Québécoises ne pouvaient pas voter. De plus, même si l'égalité de droit est présente au Québec — mais pas nécessairement de fait selon l'avis de plusieurs — nous ne pouvons feindre d'ignorer les alarmantes statistiques suivantes :

- 80 % des 900 millions d'adultes analphabètes sont des femmes.
- 2/3 des enfants non scolarisés sont des filles.
- Sur les 1,3 milliard de personnes dans le monde vivant dans la grande pauvreté, 70 % sont des femmes.
- Deux millions de fillettes (5 à 15 ans) sont livrées à la prostitution.
- On estime que 5000 femmes par année sont victimes de crime d'honneur dans le monde.
- Dans 28 pays de l'Afrique subsaharienne sont pratiquées des mutilations génitales, et 97 % des femmes en Égypte sont excisées ou infibulées.
- Au Salvador, 82 % des femmes sont victimes de violence familiale.
- Seulement 7 des 185 hauts diplomates des Nations Unies sont de sexe féminin.

Peut-être crois-tu que le féminisme ne concerne que les femmes ou même qu'il est désuet ? Tout au long de ce chapitre, tu auras l'occasion de t'exprimer et de t'interroger sur la question du féminisme d'hier à aujourd'hui.

 © Les éditions La Pensée inc.

Nom: ____________________ Groupe: ________

Discussion autour d'un sujet chaud

Le féminisme est-il toujours d'actualité?

1- Répondez aux questions en équipe de quatre.
2- Nommez un responsable qui devra résumer votre discussion.
3- Complétez vos réponses, si nécessaire.

1- Quelles sont les premières choses qui vous viennent à l'esprit lorsque vous entendez le mot «féminisme»?

____

____

____

2- Vous considérez-vous féministe ou proféministe? Pourquoi?

____

____

____

3- Croyez-vous que le féminisme est toujours d'actualité? Pourquoi?

____

____

____

____

4- Pouvez-vous nommer quelques changements que le féminisme a apportés dans notre société?

____

____

____

____

5- Croyez-vous que l'obtention du droit de vote était essentielle pour les femmes? Pourquoi?

____

____

____

____

© Les éditions La Pensée inc.

6- Croyez-vous que le féminisme est allé trop loin ? Pourquoi ?

____

____

____

____

Quelques dates significatives :

- 1892 : Aux élections municipales au Québec, seules les veuves et les célibataires majeures peuvent voter.
- 1902 : Marie Lacoste Gérin-Lajoie publie un ouvrage de vulgarisation destiné aux femmes, afin de les aider à comprendre leurs droits et devoirs.
- 1911 : Marie Lacoste Gérin-Lajoie est la première femme admise à la faculté de droit de l'Université McGill (mais il faudra attendre 1941 pour que le Barreau accorde le droit de pratique aux femmes diplômées). Elle obtiendra la première place aux examens du baccalauréat. Contrairement aux autres années, les résultats ne sont pas rendus publics, car il aurait été inconvenant d'admettre qu'une jeune femme puisse surclasser les garçons.
- 1918 : Le droit de vote est accordé aux femmes aux élections fédérales en reconnaissance de leur effort de guerre.
- 1922 : Le Comité provincial du suffrage féminin est fondé par Marie Lacoste Gérin-Lajoie.
- 1934 : Les femmes mariées obtiennent le droit d'avoir un compte en banque.
- 1940 : Les Québécoises obtiennent le droit de vote aux élections provinciales ainsi que le droit de l'éligibilité.
- 1970 : Le suffrage universel est établi à Montréal.
- 1971 : À la suite des pressions du FLF (Front de libération de la femme), les femmes obtiennent le droit d'être jurées.
- 1973 : Le gouvernement québécois crée le Conseil du statut de la femme.
- 1974 : Une première femme, Claire L'Heureux-Dubé, est nommée juge à la Cour supérieure.
- 1996 : La loi sur l'équité salariale est adoptée.

Source : Recueil de textes de Francine Descarries, FEM1000, Université du Québec à Montréal, automne 2005.

 © Les éditions La Pensée inc.

La situation des femmes au Québec aujourd'hui

Les femmes n'ont toujours pas obtenu l'équité salariale dans les faits. Elles ne gagnent toujours en moyenne que 70 % du salaire des hommes.

Les femmes ne sont toujours que 25 % à l'Assemblée nationale et ne représentent qu'environ 13 % des maires.

En 2001, 61 % des employés au salaire minimum étaient des femmes.
Le partage des tâches dans la famille n'est pas encore égalitaire, ce qui fait reposer sur les femmes beaucoup de travail en plus de leur emploi rémunéré. Par ailleurs, de plus en plus de femmes sont «proches aidantes» c'est-à-dire qu'elles doivent prendre soin de leurs vieux parents ou d'un membre de la famille qui est malade.

Beaucoup de femmes immigrantes vivent isolées et dans la pauvreté, sans connaître leurs droits.

La grande majorité des familles monoparentales à faible revenu sont dirigées par des femmes.

Des milliers de femmes sont victimes chaque année de violence physique, sexuelle ou psychologique de la part d'un conjoint ou ex-conjoint, d'un collègue de travail ou de toute autre personne. Les femmes autochtones sont très nombreuses à vivre des situations de violence conjugale et familiale.

On s'inquiète de plus en plus de l'hypersexualisation des petites filles, c'est-à-dire, des pressions qui s'exercent sur elles pour qu'elles correspondent à un modèle de «poupoune» au service des garçons qui, eux, vont souvent sur Internet chercher des images sexuelles explicites.

Tâche de l'élève: Réponds aux questions suivantes.

1. Qu'est-ce qui t'a le plus surpris ou surprise dans le portrait de la situation des femmes à notre époque?

____

____

____

2. Que connais-tu de la Loi sur l'équité salariale? Crois-tu qu'elle soit essentielle? Pourquoi?

____

____

____

© Les éditions La Pensée inc.

3. Selon toi, quelles sont les conséquences de la faible représentation des femmes en politique?

____

____

____

____

Présentation d'une militante pour la justice sociale: Françoise David

Françoise David est sans doute l'une des féministes contemporaines les plus connues au Québec. Cela s'explique, dans un premier temps, par les années passées à titre de présidente de la FFQ (Fédération des femmes du Québec). Lors de son mandat, elle a été à la tête de deux manifestations féministes qui sont passées à l'histoire au Québec. La première est la Marche du Pain et des Roses en 1995, pendant laquelle 800 femmes ont marché durant 10 jours et sont arrivées à Québec où les attendaient 20 000 personnes. La deuxième est la Marche mondiale des femmes contre la pauvreté et la violence en 2000. Elle souhaite aujourd'hui faire progresser sa vision de la justice sociale par le biais de la politique.

 © Les éditions La Pensée inc.

Une entrevue avec Françoise David

Qu'est-ce que le féminisme pour vous?
Une grille d'analyse qui montre les inégalités entre hommes et femmes ici et ailleurs. C'est un outil de lutte dont le but est une égalité de droit et de fait entre les femmes et les hommes.

La plus grande réussite des mouvements féministes?
Il y en a beaucoup. Le droit de vote est le résultat d'une lutte de longue haleine. Plus récemment, l'égalité salariale (à travail égal, salaire égal) et l'obtention d'une loi portant sur l'équité salariale, c'est-à-dire: à travail de **valeur égale**, salaire égal. La Marche des femmes contre la pauvreté est une autre belle réussite, car elle a permis de mieux faire connaître le mouvement et de rallier d'autres groupes, dont des hommes, puisque nous ne parlions pas seulement de la pauvreté des femmes.

La chose la plus urgente à régler pour arriver à une égalité de fait?
Une des choses serait d'augmenter le salaire minimum, car ce sont à 60% des femmes qui travaillent au salaire minimum. Il faut également offrir de meilleures conditions pour la conciliation travail-famille, ce qui passe par des améliorations à la Loi sur les normes du travail. Par exemple, en éliminant l'obligation de faire des heures supplémentaires à la demande de l'employeur ou en obligeant les employeurs à donner les horaires une semaine, voire deux semaines à l'avance, car il n'est pas facile de gérer la vie de famille dans ces situations (prenons l'exemple des caissières dans les épiceries). J'ajouterais finalement qu'une véritable campagne sur la violence faite aux femmes s'impose, avec autant de moyens que celle sur l'alcool au volant.

Qu'aimeriez-vous dire aux adolescents et adolescentes qui ne se sentent pas concernés par le féminisme?

Qu'ils ou elles auront besoin d'une analyse féministe dans leur vie. Pour comprendre pourquoi ce sont les femmes qui risquent le plus d'être violentées par un homme, pourquoi les femmes ont de moins bons salaires, pourquoi ce sont elles qui continuent d'être davantage responsables des enfants et de la vie de famille.

 © Les éditions La Pensée inc.

Nom: ______________________________ Groupe: ________

Fiche: Entrevue avec Françoise David

Tâche de l'élève: Réponds aux questions suivantes.

1. Avais-tu déjà entendu parler de Françoise David? Si oui, comment?

2. Françoise David énumère une série de choses urgentes à régler. Crois-tu qu'il s'agisse réellement de priorités? Pourquoi? Si tu devais choisir un élément particulier, lequel serait-il? Justifie ta réponse.

 © Les éditions La Pensée inc.

Le drame de Polytechnique

Le 6 décembre 1989 restera à jamais gravé dans l'histoire canadienne. Ce jour-là, en fin d'après-midi, un homme armé, du nom de Marc Lépine, entre dans l'École polytechnique de Montréal. Il fait irruption dans une classe, sépare les hommes des femmes, puis tire sur ces dernières. Il en tue 14 et en blesse autant. Ce massacre était clairement dirigé contre les femmes et le mouvement féministe. En effet, Marc Lépine avait affirmé sa haine du mouvement féministe et avait même préparé une liste, dans un but encore inconnu, de ses principales représentantes. De plus, il accusait les femmes d'être responsables du fait qu'il n'ait pas été accepté à l'université. Ce drame permettra d'engager une réflexion sur le contrôle des armes à feu au pays.

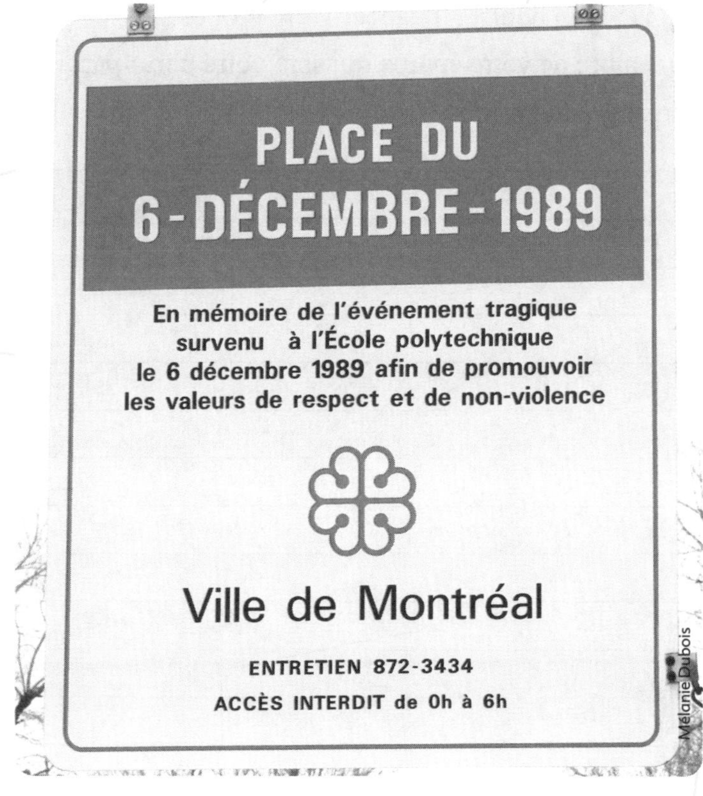

Lieu de la commémoration du drame de Polytechnique situé au coin de Queen-Mary et Decelles.

Les victimes : Geneviève Bergeron, Hélène Colgan, Nathalie Croteau, Barbara Daigneault, Anne-Marie Edward, Maud Haviernick, Barbara Klucznik Widajewicz, Maryse Laganière, Maryse Leclair, Anne-Marie Lemay, Sonia Pelletier, Michèle Richard, Annie St-Arneault, Annie Turcotte.

© Les éditions La Pensée inc.

Nom: ______________________________ Groupe: ________

Fiche: Délibération autour de la question suivante:

Cette tragédie ne fut jamais reconnue officiellement comme un crime misogyne. Qu'en penses-tu?

1- Mettez-vous en équipe de quatre.
2- Discutez de cette question dans le but d'arriver à un consensus.
3- Écrivez les arguments qui appuient votre opinion.
4- Écrivez un argument qui pourrait nuancer votre propos.
5- Choisissez un membre de votre équipe qui sera votre porte-parole.
6- Faites un retour en grand groupe.

 © Les éditions La Pensée inc.

AUTOÉVALUATION DE LA DÉLIBÉRATION[33]

Attribue-toi la cote que tu juges appropriée pour chaque énoncé.

Nom: ____

Utilise l'échelle suivante:

A	exceptionnel	**B**	bon
C	acceptable	**D**	moyen
E	faible	*	aucune contribution

	Autoévaluation
J'ai participé à la discussion.	
J'ai donné mon opinion de manière respectueuse.	
J'ai justifié mon opinion à l'aide d'arguments solides.	
J'ai laissé les autres exprimer leurs idées (je n'ai pas dominé ou intimidé les autres).	
Pendant la discussion en groupe, j'ai eu une attitude positive, attentive et respectueuse envers les autres équipes et leurs opinions.	
Y a-t-il eu des éléments qui ont nui au dialogue? Nommes-en deux: • ______________________ • ______________________	

[33] Grille inspirée de Josée Desmeules, conseillère pédagogique à l'école La Dauversière.

© Les éditions La Pensée inc.

Un exemple d'intolérance face à l'émancipation des femmes: les banlieues françaises

- **Les filles des banlieues**

  * Depuis une dizaine d'années, la situation des filles dans les banlieues parisiennes s'est beaucoup détériorée. Alors qu'elles avaient une relation relativement égalitaire avec les garçons dans les années 1980, leur quotidien s'est beaucoup dégradé depuis lors: port du voile imposé, perte de liberté, lutte pour poursuivre des études («Quel besoin en as-tu si ta place est au service de ton homme et des enfants?», se font-elles demander), emprise des frères, violence, harcèlement... Beaucoup d'entre elles se sentent obligées de « raser les murs», comme elles disent de façon très révélatrice.

  * Depuis une quinzaine d'années, le chômage est un phénomène affectant massivement les immigrés étrangers en France. Avec leur emploi, les pères ont perdu leur autorité, transférant à leur fils aîné la responsabilité de leurs sœurs (entendre surtout la virginité et la réputation de ces dernières). Cette responsabilité a viré rapidement à l'oppression et c'est à l'ensemble des garçons de la cité que la surveillance de la «vertu» des filles s'est étendue.

  * La coquetterie, ou le simple refus de porter le voile, peut être un geste risqué pour une fille qui sera alors cataloguée de «facile». Pour Amara, présidente de l'organisme «Ni putes ni soumises», le voile n'est pas un détail, mais bien un projet sociétal de ségrégation et de domination contre les femmes. Elle affirme se sentir d'autant plus libre de le dire qu'elle est elle-même musulmane et pratiquante.

° **Les tournantes**

- Les conséquences pour celles qui osent ne pas se conformer à ces pressions vont de l'agression verbale au viol. Le phénomène des tournantes, nom donné au viol collectif, est en expansion. On peut dire qu'il s'agit d'une violence de proximité puisque les victimes et les agresseurs vivent la plupart du temps dans le même quartier.

° **La religion**

- L'instrumentalisation de la religion est une arme redoutable. Qui peut s'opposer à la «volonté divine»? Le malheur, Sartre l'a bien souligné, c'est que «lorsque Dieu se tait, on peut lui faire dire n'importe quoi». Et c'est souvent ce qui arrive. Les intégristes n'ont généralement pas de formation religieuse, mais se nourrissent d'interprétations douteuses. Des interprétations anti-machistes du Coran (machisme: croire que l'homme est supérieur à la femme),

 © Les éditions La Pensée inc.

comme celles de Tarah[34], sont carrément rejetées, alors que les radicalisations de toutes sortes sont bienvenues.

- Les jeunes sont habituellement peu éduqués, et donc plus facilement récupérés par un fondamentalisme ignorant des vraies réalités religieuses.
- Des parents, souvent désemparés, mettent beaucoup d'espoir dans l'islam pour régler les problèmes de violence ou de drogue qui les dépassent. On note un phénomène de plus en plus courant qui amène les parents à se saigner financièrement pour faire du père un *hadj* (quelqu'un qui a fait son pèlerinage à la Mecque, tel que prescrit dans l'islam), espérant ainsi en faire un modèle et rétablir son autorité.

° **La délinquance au féminin**

- Plutôt que de porter le voile, certaines filles choisissent de ressembler aux garçons. Elles se rassemblent en bandes, sont fréquemment violentes et se vêtent comme les garçons.

° Heureusement, ce ne sont pas tous les garçons des banlieues qui agissent comme on vient de le voir. Il ne faut pas nécessairement juger cette attitude comme de la méchanceté. Outre l'utilisation de la religion, il faut aussi considérer la misère sociale et le manque d'éducation comme des facteurs importants. Cependant, il est nécessaire de dénoncer cette situation et de proposer des mesures concrètes pour venir en aide à ceux et celles qui vivent dans une société démocratique, mais s'en sentent exclus.

[34] Selon la tradition musulmane, le Coran a été révélé en deux temps: à La Mecque et à Médine. Pour Tarah, les principes de base ont été reçus à La Mecque et sont immuables. Par contre, ce qui a été révélé à Médine, alors que le Prophète avait des responsabilités de dirigeant, et qui est d'ordre plus pratique (statut personnel, famille) est appelé à évoluer avec le temps. Ainsi, puisque la situation des femmes en Arabie au VIIe siècle s'améliorait avec le Coran (limitation de la polygamie par exemple et condamnation de l'infanticide des filles), il est injuste de la faire régresser aujourd'hui au nom du même Coran. Notons que ce mystique a été assassiné.

© Les éditions La Pensée inc.

Nom: ____ Groupe: ________

Fiche: Les filles des banlieues

Analyse la situation décrite dans ce texte en faisant ressortir les repères, les valeurs, les normes et les enjeux.

Illustre l'instrumentalisation de la religion dans cette situation. Donne ensuite un autre exemple d'instrumentalisation de la religion et fais ressortir les points communs avec la situation des filles des banlieues.

 © Les éditions La Pensée inc.

Selon toi, quelles sont les conséquences (au moins deux), pour les femmes, de devoir limiter leur accès aux études supérieures ? Justifie ta réponse.

Évaluation Fiche: Les filles des banlieues	
Réfléchir sur des questions éthiques **Analyse détaillée d'une situation d'un point de vue éthique.** • Décrit et met en contexte une situation (où, quand, pourquoi, qui, etc.). • Trouve des valeurs et des normes présentes dans des points de vue. • Associe la situation première à d'autres situations pouvant être comparées à elle. • Fait ressortir les éléments de comparaison entre deux ou plusieurs situations. • Interroge la pertinence de certains repères.	
Manifester une compréhension du phénomène religieux **Analyse détaillée d'une expression du religieux.** • Explique l'utilité, l'utilisation ou le rôle d'une expression du religieux (fonction). **Explication des liens entre des expressions du religieux et des éléments de l'environnement social et culturel.** • Fait des liens entre une expression du religieux et des éléments de l'environnement social ou culturel. • Explique ce qu'ont en commun ou ce qui distingue une expression religieuse et un élément de l'environnement social et culturel (origine, influence, réponses apportées à une question, etc.). • Explique ce que représente, signifie ou symbolise une expression de l'environnement social ou culturel (signification). • Explique l'utilité, l'utilisation ou le rôle d'une expression de l'environnement social ou culturel (fonction).	

© Les éditions La Pensée inc.

Analyse d'une diversité de façons de penser, d'être et d'agir. • Explique différentes façons de penser, d'être et d'agir d'une expression du religieux à travers une tradition religieuse. • Décrit et met en contexte différentes façons de penser, d'être ou d'agir dans la société (conception séculière). • Explique des effets de certains comportements sur la vie en société.	
Pratiquer le dialogue **Pertinence et quantité suffisante de traces écrites de l'organisation de sa pensée.** • Fait référence à son environnement, à des connaissances ou à ses expériences personnelles pour mieux saisir l'objet du dialogue. • Fait des liens entre la situation présentée et d'autres situations. • Sélectionne les éléments essentiels qui constituent un point de vue (arguments, sentiments, croyances, faits, etc.). • Évalue des éléments importants qui constituent un point de vue. **Utilisation adéquate des éléments de contenu relatifs à l'interaction avec les autres.** • Exprime son point de vue à l'écrit. • Exprime des arguments dans une suite logique, sans contradiction les uns avec les autres et en lien avec le sujet traité (cohérence et pertinence). • Exprime son point de vue à l'aide de moyens appropriés (la description, la comparaison, la justification, etc.). • Sélectionne les points de vue essentiels à interroger. **Présentation d'un point de vue élaboré à partir d'éléments pertinents, cohérents et en quantité suffisante.** • Utilise les moyens appropriés pour élaborer un point de vue. • Détermine ce qui doit être approfondi ou clarifié dans les points de vue.	
TOTAL	

Échelle d'appréciation				
A Très satisfaisant	B Satisfaisant	C Passable	D Insatisfaisant	E Nettement insatisfaisant

 © Les éditions La Pensée inc.

Perdre ses droits : la tragédie afghane

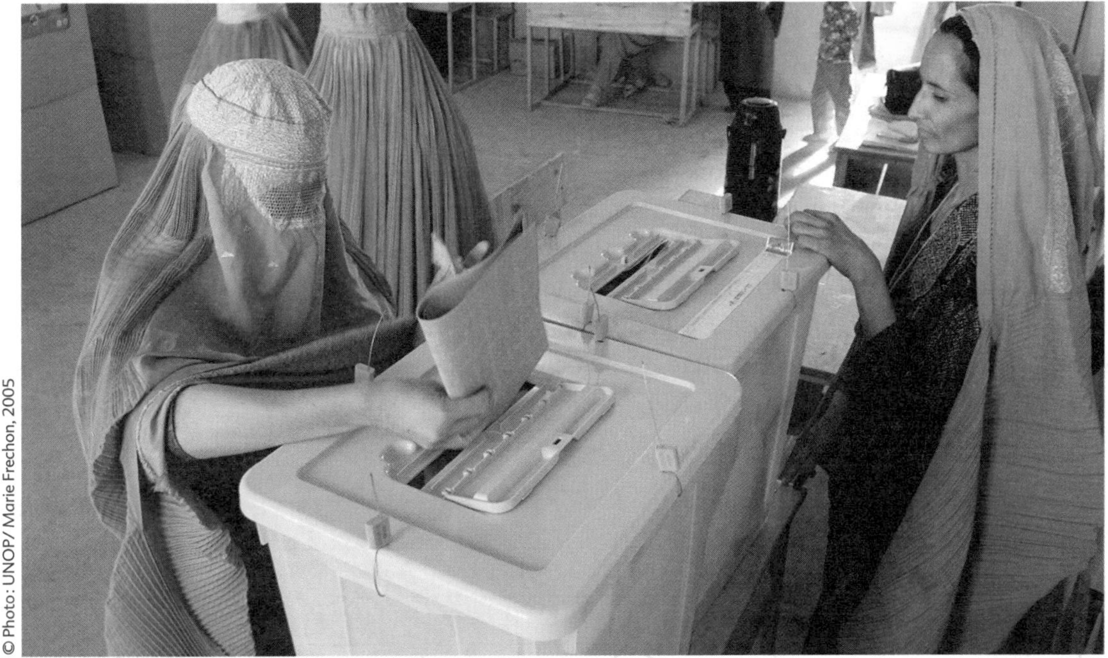

© Photo: UNOP/ Marie Frechon, 2005

Sous le régime tyrannique des talibans, les femmes ont subi de façon massive et systématique une atteinte à leurs droits humains. Ainsi, tous les aspects de leur vie ont été touchés. Elles ont subi toutes sortes de sévices en raison de leur sexe et de leur appartenance ethnique. Leurs libertés fondamentales ont été gravement limitées. Elles ont été agressées physiquement et sexuellement, enlevées, forcées au mariage. Le marché du travail leur a été interdit, ainsi que les études ; elles ne pouvaient étudier au-delà du primaire. De plus, elles ne pouvaient sortir sans être accompagnées d'un homme (parents proches appelés *mahram*) et sans être couvertes de la tête aux pieds (la *burka*). Toutes ces limitations portent atteinte à la dignité humaine des femmes et menacent jusqu'à leur vie. Par exemple, « la Police religieuse a battu des femmes parce qu'elles portaient des chaussettes pas assez sombres, découvraient leurs poignets, leurs mains ou leurs chevilles, ou n'étaient pas accompagnées par un parent proche de sexe masculin, mais aussi pour avoir enseigné à domicile à des filles, travaillé ou mendié[35] ».

L'intervention des États-Unis en Afghanistan n'a pas amélioré la condition des femmes dans ce pays. Les organisations non gouvernementales (ONG) estiment qu'il y a environ 40 000 veuves uniquement dans Kaboul. « Avec très peu d'occasions de travailler et avec leurs fils ou d'autres proches de sexe masculin susceptibles d'être enrôlés par les talibans, ces femmes sont probablement dans la situation la plus précaire qui soit et sont parmi les personnes qui auront le moins de chances d'échapper au conflit[36]. »

[35] http://hrw.org/french/reports/afghanwomen/afghanwomen-fr-01.htm
[36] http://hrw.org/french/reports/afghanwomen/afghanwomen-fr-01.htm

© Les éditions La Pensée inc.

Nom : ______________________________ Groupe : ________

Fiche: Réflexion sur l'Afghanistan

Prends le temps de t'imaginer la situation suivante.
Du jour au lendemain, tu perds tous tes droits civils : tu ne peux plus exercer ton métier, tu ne peux plus circuler sans un homme pour t'accompagner, tu t'exposes à des représailles violentes si tu sors sans être complètement couverte, si tu exposes un bout de ton poignet par mégarde. Tu dois couvrir tes fenêtres en tout temps pour être certaine qu'aucun homme ne puisse te voir. Si tu te fais violer, c'est entièrement ta faute. Ton mari a pleine autorité sur toi et peut même te battre. Si tu es veuve, tu ne peux pas travailler pour faire vivre tes enfants.

Explique ce que tu ressens en t'imaginant dans cette situation.

____

____

____

____

____

____

Formule des questions éthiques en lien avec cette situation (au moins deux).

____

____

____

____

____

____

____

Avec ce que nous avons vu sur la religion musulmane et le Coran, crois-tu que l'attitude des talibans est conforme à la doctrine islamique ? Pourquoi ?

____

____

____

____

____

____

 © Les éditions La Pensée inc.

On entend parfois dire qu'il faut respecter les éléments des autres cultures. C'est ce qu'on appelle le relativisme culturel. Crois-tu qu'il s'agit d'un cas de relativisme culturel ? Explique ta réponse à l'aide d'arguments.

___

___

___

___

___

___

___

___

___

___

___

Grille d'évaluation sur l'Afghanistan	
Réfléchir sur des questions éthiques **Analyse détaillée d'une situation d'un point de vue éthique.** • Trouve des valeurs et des normes présentes dans des points de vue. • Formule des questions éthiques. • Nomme les principaux éléments d'une situation. • Donne des critères pertinents permettant de comparer des situations. • Fait ressortir les éléments de comparaison entre deux ou plusieurs situations. **Examiner une diversité de repères d'ordre culturel, moral, religieux, scientifique ou social.** • Trouve les principaux repères présents dans la situation. • Explique le rôle et le sens de ces repères dans des points de vue particuliers. • Explique comment un repère présent dans la situation peut avoir un sens ou un rôle différent dans un autre contexte. • Sélectionne les repères les plus pertinents pour réfléchir à la question éthique. • Interroge la pertinence de certains repères.	

© Les éditions La Pensée inc.

Manifester une compréhension du phénomène religieux	
Analyse détaillée d'une expression du religieux. • Décrit et met en contexte une expression du religieux. • Explique ce que représente, signifie ou symbolise une expression du religieux (signification). • Explique l'utilité, l'utilisation ou le rôle d'une expression du religieux (fonction). • Associe une expression du religieux à une ou plusieurs traditions religieuses. **Explication des liens entre des expressions du religieux et des éléments de l'environnement social et culturel.** • Fait des liens entre une expression du religieux et des éléments de l'environnement social ou culturel. • Explique ce qu'ont en commun ou ce qui distingue une expression religieuse et un élément de l'environnement social et culturel (origine, influence, réponses apportées à une question, etc.). • Explique ce que représente, signifie ou symbolise une expression de l'environnement social ou culturel (signification). • Explique l'utilité, l'utilisation ou le rôle d'une expression de l'environnement social ou culturel (fonction).	
TOTAL	

Échelle d'appréciation				
A Très satisfaisant	B Satisfaisant	C Passable	D Insatisfaisant	E Nettement insatisfaisant

 © Les éditions La Pensée inc.

Charte mondiale des femmes pour l'humanité
Marche mondiale des femmes

Adoptée le 10 décembre 2004 à Kigali (Rwanda) lors de la 5e rencontre internationale de la Marche mondiale des femmes.

Préambule

Nous, les femmes, marchons depuis longtemps pour dénoncer et exiger la fin de l'oppression que nous vivons en tant que femmes, pour dire que la domination, l'exploitation, l'égoïsme et la recherche effrénée du profit menant aux injustices, aux guerres, aux conquêtes et aux violences ont une fin. De nos luttes féministes, de celles qu'ont menées nos aïeules sur tous les continents, sont nés de nouveaux espaces de liberté, pour nous-mêmes, pour nos filles, pour nos fils et pour toutes les petites filles et tous les petits garçons, qui, après nous, fouleront ce sol. Nous bâtissons un monde où la diversité est un atout et où tant l'individualité que la collectivité sont sources de richesse, où les échanges fleurissent sans contraintes, où les paroles, les chants et les rêves bourgeonnent. Ce monde considère la personne humaine comme une des richesses les plus précieuses. Il y règne l'égalité, la liberté, la solidarité, la justice et la paix. Ce monde, nous avons la force de le créer.

Nous formons plus de la moitié de l'humanité. Nous donnons la vie, travaillons, aimons, créons, militons, nous distrayons. Nous assurons actuellement la plupart des tâches essentielles à la vie et à la continuité de cette humanité. Pourtant, notre place dans la société reste sous-évaluée.

La Marche mondiale des femmes, dont nous faisons partie, identifie le patriarcat comme le système d'oppression des femmes et le capitalisme comme le système d'exploitation d'une immense majorité de femmes et d'hommes par une minorité.

Ces systèmes se renforcent mutuellement. Ils s'enracinent et se conjuguent avec le racisme, le sexisme, la misogynie, la xénophobie, l'homophobie, le colonialisme, l'impérialisme, l'esclavagisme, le travail forcé. Ils font le lit des fondamentalismes et intégrismes qui empêchent les femmes et les hommes d'être libres. Ils génèrent la pauvreté, l'exclusion, violent les droits des êtres humains, particulièrement ceux des femmes, et mettent l'humanité et la planète en péril.

Nous rejetons ce monde!

Nous proposons de construire un autre monde où l'exploitation, l'oppression, l'intolérance et les exclusions n'existent plus, où l'intégrité, la diversité, les droits et libertés de tous sont respectés.

Cette Charte se fonde sur les valeurs d'égalité, de liberté, de solidarité, de justice et de paix.

ÉGALITÉ

Affirmation 1. Tous les êtres humains et tous les peuples sont égaux dans tous les domaines et dans toutes les sociétés. Ils ont un accès égal aux richesses, à la terre, à un emploi digne, aux moyens de production, à un logement salubre, à une éducation de qualité, à la formation professionnelle, à la justice, à une alimentation saine, nutritive et suffisante, aux services de

© Les éditions La Pensée inc.

santé physique et mentale, à la sécurité pendant la vieillesse, à un environnement sain, à la propriété, aux fonctions représentatives, politiques et décisionnelles, à l'énergie, à l'eau potable, à l'air pur, aux moyens de transport, aux techniques, à l'information, aux moyens de communication, aux loisirs, à la culture, au repos, à la technologie, aux retombées scientifiques.

Affirmation 2. Aucune condition humaine ou condition de vie ne peut justifier la discrimination.

Affirmation 3. Aucune coutume, tradition, religion, idéologie, aucun système économique ni politique ne justifie l'infériorisation de quiconque et n'autorise des actes qui remettent en cause la dignité et l'intégrité physique et psychologique.

Affirmation 4. Les femmes sont des citoyennes à part entière avant d'être des conjointes, des compagnes, des épouses, des mères et des travailleuses.

Affirmation 5. L'ensemble des tâches non rémunérées, dites féminines, qui assurent la vie et la continuité de la société (travaux domestiques, éducation, soins donnés aux enfants et aux proches) sont des activités économiques qui créent de la richesse et qui doivent être valorisées et partagées.

Affirmation 6. Les échanges commerciaux entre les pays sont équitables et ne portent pas préjudice au développement des peuples.

Affirmation 7. Chaque personne a accès à un travail justement rémunéré, effectué dans des conditions sécuritaires et salubres, permettant de vivre dignement.

LIBERTÉ

Affirmation 1. Tous les êtres humains vivent libres de toute violence. Aucun être humain n'appartient à un autre. Aucune personne ne peut être tenue en esclavage, forcée au mariage, subir le travail forcé, être objet de trafic, d'exploitation sexuelle.

Affirmation 2. Chaque personne jouit de libertés collectives et individuelles qui garantissent sa dignité, notamment : liberté de pensée, de conscience, de croyance, de religion, d'expression, d'opinion ; de vivre librement sa sexualité de façon responsable et de choisir la personne avec qui partager sa vie ; de voter, d'être élue, de participer à la vie politique ; de s'associer, se réunir, se syndiquer, manifester ; d'élire son lieu de vie, sa nationalité, de choisir son statut civil ; de suivre les études de son choix, de choisir sa profession et de l'exercer ; de se déplacer ; de disposer de sa personne et de ses biens ; d'utiliser la langue de communication de son choix dans le respect des langues minoritaires et des choix collectifs concernant la langue d'usage et de travail ; de s'informer, de se cultiver, d'échanger, d'accéder aux technologies de l'information.

Affirmation 3. Les libertés s'exercent dans la tolérance, le respect de l'opinion de chacune et chacun et des cadres démocratiques et participatifs. Elles entraînent des responsabilités et des devoirs envers la communauté.

Affirmation 4. Les femmes prennent librement les décisions qui concernent leur corps, leur sexualité et leur fécondité. Elles choisissent d'avoir ou non des enfants.

Affirmation 5. La démocratie s'exerce s'il y a liberté et égalité.

SOLIDARITÉ

Affirmation 1. La solidarité internationale est promue entre les personnes et les peuples sans aucun type de manipulation ni influence.

Affirmation 2. Tous les êtres humains sont interdépendants. Ils partagent le devoir et la volonté de vivre ensemble, de construire une société généreuse, juste et égalitaire, basée sur les droits humains, exempte d'oppression, d'exclusions, de discriminations, d'intolérance et de violences.

Affirmation 3. Les ressources naturelles, les biens et les services nécessaires à la vie de tous sont des biens et des services publics de qualité auxquels chaque personne a accès de manière égalitaire et équitable.

Affirmation 4. Les ressources naturelles sont administrées par les peuples vivant dans les territoires où elles sont situées, dans le respect de l'environnement et avec le souci de leur préservation et de leur durabilité.

Affirmation 5. L'économie d'une société est au service de celles et ceux qui la composent. Elle est tournée vers la production et l'échange de richesses utiles socialement, qui sont réparties entre tous, qui assurent en priorité la satisfaction des besoins de la collectivité, qui éliminent la pauvreté et qui assurent un équilibre entre l'intérêt général et les intérêts individuels. Elle assure la souveraineté alimentaire. Elle s'oppose à la recherche exclusive du profit sans satisfaction sociale et à l'accumulation privée des moyens de production, des richesses, du capital, des terres, des prises de décision entre les mains de quelques groupes ou de quelques personnes.

Affirmation 6. La contribution de chacune et chacun à la société est reconnue et entraîne l'ouverture de droits sociaux, quelle que soit la fonction qu'ils y occupent.

Affirmation 7. Les manipulations génétiques sont contrôlées. Il n'y a pas de brevet sur le vivant ni sur le génome humain. Le clonage humain est interdit.

© Les éditions La Pensée inc.

JUSTICE

Affirmation 1. Tous les êtres humains, indépendamment de leur pays d'origine, de leur nationalité et de leur lieu de résidence, sont considérés comme des citoyennes et citoyens à part entière jouissant de droits humains (droits sociaux, économiques, politiques, civils, culturels, sexuels, reproductifs, environnementaux) d'une manière égalitaire et équitable réellement démocratique.

Affirmation 2. La justice sociale est basée sur une redistribution équitable des richesses qui élimine la pauvreté, limite la richesse, et assure la satisfaction des besoins essentiels à la vie et qui vise l'amélioration du bien-être de tous.

Affirmation 3. L'intégrité physique et morale de tous est garantie. La torture, les traitements humiliants et dégradants sont interdits. Les agressions sexuelles, les viols, les mutilations génitales féminines, les violences spécifiques à l'égard des femmes et le trafic sexuel et la traite des êtres humains sont considérés comme des crimes contre la personne et contre l'humanité.

Affirmation 4. Un système judiciaire accessible, égalitaire, efficace et indépendant est instauré.

Affirmation 5. Chaque personne jouit d'une protection sociale qui lui garantit l'accès à l'alimentation, aux soins, au logement salubre, à l'éducation, à l'information, à la sécurité durant la vieillesse. Elle a accès à des revenus suffisants pour vivre dignement.

Affirmation 6. Les soins de la santé et des services sociaux sont publics, accessibles, de qualité, gratuits, et ce pour tous les traitements, toutes les pandémies, particulièrement pour le VIH.

PAIX

Affirmation 1. Tous les êtres humains vivent dans un monde de paix. La paix résulte notamment de l'égalité entre les sexes, de l'égalité sociale, économique, politique, juridique et culturelle, du respect des droits, de l'éradication de la pauvreté qui assurent à tous une vie digne, exempte de violence, où chacune et chacun disposent d'un travail et de ressources suffisantes pour se nourrir, se loger, se vêtir, s'instruire, être protégé pendant sa vieillesse, avoir accès aux soins.

Affirmation 2. La tolérance, le dialogue, le respect de la diversité sont des garants de la paix.

Affirmation 3. Toutes les formes de domination, d'exploitation et d'exclusion de la part d'une personne sur une autre, d'un groupe sur un autre, d'une minorité sur une majorité, d'une majorité sur une minorité, d'une nation sur une autre sont exclues.

 © Les éditions La Pensée inc.

Affirmation 4. Tous les êtres humains ont le droit de vivre dans un monde sans guerre et sans conflit armé, sans occupation étrangère ni base militaire. Nul n'a le droit de vie ou de mort sur les personnes et sur les peuples.

Affirmation 5. Aucune coutume, aucune tradition, aucune idéologie, aucune religion, aucun système économique ni politique ne justifient les violences.

Affirmation 6. Les conflits armés ou non entre les pays, les communautés ou les peuples sont résolus par la négociation qui permet d'arriver à des solutions pacifiques, justes et équitables, et ce aux échelons régional, national et international.

APPEL

Cette Charte mondiale des femmes pour l'humanité appelle les femmes et les hommes et tous les peuples et groupes opprimés du monde à proclamer individuellement et collectivement leur pouvoir à transformer le monde et à modifier radicalement les rapports qui les unissent pour développer des relations basées sur l'égalité, la paix, la liberté, la solidarité et la justice.

Elle appelle tous les mouvements sociaux et toutes les forces de la société à agir pour que les valeurs défendues dans cette Charte soient effectivement mises en œuvre et pour que les pouvoirs politiques prennent les mesures nécessaires à leur application.

Elle invite à l'action pour changer le monde. Il y a urgence!!!

Aucun élément de cette Charte ne peut être interprété ni utilisé pour énoncer des opinions ou pour mener des activités contraires à l'esprit de cette Charte. Les valeurs qui y sont défendues forment un tout. Elles sont égales en importance, interdépendantes, indivisibles; la place qu'elles occupent dans la Charte est interchangeable.

© Les éditions La Pensée inc.

Nom: ______________________________ Groupe: ________

Fiche: Charte mondiale des femmes pour l'humanité - Marche mondiale des femmes

Tâche de l'élève: Voici quelques exemples concrets de non-respect de cette Charte dans le monde. Pour chaque situation, détermine à quelle(s) affirmation(s) de la Charte elle se rapporte.

1- L'ONU estime que la traite des femmes rapporte annuellement cinq à sept milliards de dollars. Un triste exemple est celui des 5000 jeunes Népalaises qui aboutissent annuellement dans les bordels de l'Inde. Elles sont souvent victimes de fausses promesses de mariage ou d'emploi et se retrouvent à travailler de force dans des bordels (maison de prostitution). Il importe aussi de souligner que beaucoup de ces victimes, souvent mineures, sont alors infectées par le VIH.

Affirmation: ________

2- Le viol est une arme de guerre. Les séquelles sont tant physiques (certaines femmes sont victimes de viol collectif allant jusqu'à la mort) que psychologiques. Lors du conflit en ex-Yougoslavie, certaines ONG ont estimé que le nombre de femmes violées par l'ennemi était de 50 000. Mais les chiffres ne disent pas combien la vie de ces femmes a été brisée par cet acte odieux.

Affirmation: ________

3- Depuis 1993, plus de 400 femmes ont été assassinées et 500 sont portées disparues à Ciudad Juárez (Mexique). On peut parler d'un réel *féminicide* auquel la police semble rester indifférente.

Affirmation: ________

4- Au nom de l'honneur, 5000 femmes sont tuées chaque année, puisqu'elles sont accusées d'avoir terni l'honneur familial par un adultère, une conduite «inconvenante» ou en étant victime d'un viol. Les meurtriers jouissent souvent de circonstances atténuantes et ont des peines mineures, voire des acquittements.

Affirmation: ________

 © Les éditions La Pensée inc.

Connais-tu d'autres exemples de non-respect de cette Charte ?

En quoi ces affirmations sont-elles importantes pour l'égalité et l'épanouissement des femmes ?

© Les éditions La Pensée inc.

Nom: ______________________________ Groupe: ________

Fiche: Retour sur mes apprentissages

À la suite de tes apprentissages, ton idée sur le féminisme a-t-elle changé? Retourne au début de ce module et vois ce que tu as répondu aux questions: Croyez-vous que le féminisme est toujours d'actualité? Pourquoi? Écris en quoi ton opinion a changé ou est restée la même.

Fais une synthèse de tes apprentissages.

 © Les éditions La Pensée inc.

La commission Bertrand-Dubois

Un droit n'est jamais que l'autre aspect d'un devoir. – Jean-Paul Sartre

© Les éditions La Pensée inc.

Il n'y a pas si longtemps, nous vivions dans une province plutôt homogène, essentiellement francophone et chrétienne. Le paysage a considérablement changé depuis les années 1960, non seulement avec la Révolution tranquille, mais également avec une nouvelle vague d'immigration. Alors que les nouveaux arrivants étaient auparavant surtout des Européens de confession catholique ou protestante, nous accueillons maintenant des gens de partout dans le monde. Cela entraîne une prolifération de nouvelles croyances et coutumes. Si certaines s'insèrent naturellement dans le paysage québécois, d'autres, au contraire, viennent heurter notre idéal collectif. Nos démocraties offrent des droits et libertés provoquant parfois des conflits de valeurs. Nous assistons actuellement dans les sociétés occidentales à une réflexion sur toute la question du vivre-ensemble. Nous participerons à cet effort en créant notre propre commission de consultation populaire sur la question des accommodements raisonnables. Il convient dans un premier temps de mieux maîtriser certains concepts trop souvent galvaudés. Ensuite, tu seras invité ou invitée à réfléchir sur différentes notions dont celle d'identité puis à rédiger, en équipe, un mémoire sur des cas spécifiques d'accommodements raisonnables.

Mots de compréhension

Avant d'aborder un nouveau domaine, il est essentiel de maîtriser certains termes qui y sont attachés. À la suite des explications de ton enseignante ou de ton enseignant, transcris dans tes mots le sens des termes suivants.

- Accommodements raisonnables:

____

____

____

- Interculturalisme:

____

____

____

- Multiculturalisme:

____

____

____

- Laïcité ouverte par rapport à laïcité radicale:

____

____

____

 © Les éditions La Pensée inc.

DROITS ET
S ET LIBERT
E TOLÉRANC
DÉMOCRAT
TÉ IDENTI
ITÉ ÉGALIT
ROITS ET
S ET LIBERT

- Assimilation versus intégration:

- Communautarisme par opposition à universalisme:

- Discrimination indirecte:

- Immigrant par rapport à natif:

- Libéralisme:

- Pluralisme:

- Traitement différentiel:

© Les éditions La Pensée inc.

Présentation de la Charte

La Charte des droits et libertés de la personne du Québec a été adoptée en juin 1975 par l'Assemblée nationale du Québec. Elle s'inspire entre autres de la Déclaration universelle des droits de l'homme. Parmi les différences entre la Charte du Québec et celle du Canada, il y a le fait que la Charte du Canada s'occupe des rapports entre les citoyens et l'État, alors que celle du Québec s'applique également aux rapports entre les personnes dans le privé. Au Québec, si une citoyenne ou un citoyen se sent lésé dans ses droits, il peut recourir à la Commission des droits de la personne et des droits de la jeunesse qui est un organisme dont la mission est de s'assurer de l'application des droits et libertés inclus dans la Charte.

Charte québécoise

PARTIE I

Les droits et libertés de la personne

Chapitre I

Libertés et droits fondamentaux

1. Tout être humain a droit à la vie, ainsi qu'à la sûreté, à l'intégrité et à la liberté de sa personne. Il possède également la personnalité juridique.

2. Tout être humain dont la vie est en péril a droit au secours.

Toute personne doit porter secours à celui dont la vie est en péril, personnellement ou en obtenant du secours, en lui apportant l'aide physique nécessaire et immédiate, à moins d'un risque pour elle ou pour les tiers ou d'un autre motif raisonnable.

3. Toute personne est titulaire des libertés fondamentales telles la liberté de conscience, la liberté de religion, la liberté d'opinion, la liberté d'expression, la liberté de réunion pacifique et la liberté d'association.

4. Toute personne a droit à la sauvegarde de sa dignité, de son honneur et de sa réputation.

5. Toute personne a droit au respect de sa vie privée.

6. Toute personne a droit à la jouissance paisible et à la libre disposition de ses biens, sauf dans la mesure prévue par la loi.

7. La demeure est inviolable.

8. Nul ne peut pénétrer chez autrui ni y prendre quoi que ce soit sans son consentement exprès ou tacite.

 © Les éditions La Pensée inc.

9. Chacun a droit au respect du secret professionnel.

Toute personne tenue par la loi au secret professionnel et tout prêtre ou autre ministre du culte ne peuvent, même en justice, divulguer les renseignements confidentiels qui leur ont été révélés en raison de leur état ou profession, à moins qu'ils n'y soient autorisés par celui qui leur a fait ces confidences ou par une disposition expresse de la loi.

Le tribunal doit, d'office, assurer le respect du secret professionnel.

9.1 Les libertés et droits fondamentaux s'exercent dans le respect des valeurs démocratiques, de l'ordre public et du bien-être général des citoyens du Québec.

La loi peut, à cet égard, en fixer la portée et en aménager l'exercice.

CHAPITRE I.1

Droit à l'égalité dans la reconnaissance et l'exercice des droits et libertés

10. Toute personne a droit à la reconnaissance et à l'exercice, en pleine égalité, des droits et libertés de la personne, sans distinction, exclusion ou préférence fondée sur la race, la couleur, le sexe, la grossesse, l'orientation sexuelle, l'état civil, l'âge, sauf dans la mesure prévue par la loi, la religion, les convictions politiques, la langue, l'origine ethnique ou nationale, la condition sociale, le handicap ou l'utilisation d'un moyen pour pallier ce handicap.

Il y a discrimination lorsqu'une telle distinction, exclusion ou préférence a pour effet de détruire ou de compromettre ce droit.

10.1 Nul ne doit harceler une personne en raison de l'un des motifs visés dans l'article 10.

11. Nul ne peut diffuser, publier ou exposer en public un avis, un symbole ou un signe comportant discrimination ni donner une autorisation à cet effet.

12. Nul ne peut, par discrimination, refuser de conclure un acte juridique ayant pour objet des biens ou des services ordinairement offerts au public.

13. Nul ne peut, dans un acte juridique, stipuler une clause comportant discrimination.

Une telle clause est réputée sans effet.

14. L'interdiction visée dans les articles 12 et 13 ne s'applique pas au locateur d'une chambre située dans un local d'habitation, si le locateur ou sa famille réside dans le local, ne loue qu'une seule chambre et n'annonce pas celle-ci, en vue de la louer, par avis ou par tout autre moyen public de sollicitation.

15. Nul ne peut, par discrimination, empêcher autrui d'avoir accès aux moyens de transport ou aux lieux publics, tels les établissements commerciaux, hôtels, restaurants, théâtres, cinémas, parcs, terrains de camping et de caravaning, et d'y obtenir les biens et les services qui y sont disponibles.

16. Nul ne peut exercer de discrimination dans l'embauche, l'apprentissage, la durée de la période de

© Les éditions La Pensée inc.

probation, la formation professionnelle, la promotion, la mutation, le déplacement, la mise à pied, la suspension, le renvoi ou les conditions de travail d'une personne ainsi que dans l'établissement de catégories ou de classifications d'emploi.

17. Nul ne peut exercer de discrimination dans l'admission, la jouissance d'avantages, la suspension ou l'expulsion d'une personne d'une association d'employeurs ou de salariés ou de toute corporation professionnelle ou association de personnes exerçant une même occupation.

18. Un bureau de placement ne peut exercer de discrimination dans la réception, la classification ou le traitement d'une demande d'emploi ou dans un acte visant à soumettre une demande à un employeur éventuel.

18.1 Nul ne peut, dans un formulaire de demande d'emploi ou lors d'une entrevue relative à un emploi, requérir d'une personne des renseignements sur les motifs visés dans l'article 10 sauf si ces renseignements sont utiles à l'application de l'article 20 ou à l'application d'un programme d'accès à l'égalité existant au moment de la demande.

18.2 Nul ne peut congédier, refuser d'embaucher ou autrement pénaliser dans le cadre de son emploi une personne du seul fait qu'elle a été reconnue coupable ou s'est avouée coupable d'une infraction pénale ou criminelle, si cette infraction n'a aucun lien avec l'emploi ou si cette personne en a obtenu le pardon.

19. Tout employeur doit, sans discrimination, accorder un traitement ou un salaire égal aux membres de son personnel qui accomplissent un travail équivalent au même endroit.

Il n'y a pas de discrimination si une différence de traitement ou de salaire est fondée sur l'expérience, l'ancienneté, la durée du service, l'évaluation au mérite, la quantité de production ou le temps supplémentaire, si ces critères sont communs à tous les membres du personnel.

20. Une distinction, exclusion ou préférence fondée sur les aptitudes ou qualités requises par un emploi, ou justifiée par le caractère charitable, philanthropique, religieux, politique ou éducatif d'une institution sans but lucratif ou qui est vouée exclusivement au bien-être d'un groupe ethnique est réputée non discriminatoire.

Non en vigueur

De même, dans les contrats d'assurance ou de rente, les régimes d'avantages sociaux, de retraite, de rente ou d'assurance ou dans les régimes universels de rente ou d'assurance, est réputée non discriminatoire une distinction, exclusion ou préférence fondée sur des facteurs de détermination de risque ou des données actuarielles fixés par règlement.

CHAPITRE II

Droits politiques

21. Toute personne a droit d'adresser des pétitions à l'Assemblée nationale pour le redressement de griefs.

22. Toute personne légalement habilitée et qualifiée a droit de se porter candidat lors d'une élection et a droit d'y voter.

Chapitre III

Droits judiciaires

23. Toute personne a droit, en pleine égalité, à une audition publique et impartiale de sa cause par un tribunal indépendant et qui ne soit pas préjugé, qu'il s'agisse de la détermination de ses droits et obligations ou du bien-fondé de toute accusation portée contre elle.

Le tribunal peut toutefois ordonner le huis-clos dans l'intérêt de la morale ou de l'ordre public.

En outre, lorsqu'elles concernent des procédures en matière familiale, les audiences en première instance se tiennent à huis-clos, à moins que le tribunal, à la demande d'une personne et s'il l'estime utile dans l'intérêt de la justice, n'en décide autrement.

24. Nul ne peut être privé de sa liberté ou de ses droits, sauf pour les motifs prévus par la loi et suivant la procédure prescrite.

24.1 Nul ne peut faire l'objet de saisies, perquisitions ou fouilles abusives.

25. Toute personne arrêtée ou détenue doit être traitée avec humanité et avec le respect dû à la personne humaine.

26. Toute personne détenue dans un établissement de détention a droit d'être soumise à un régime distinct approprié à son sexe, son âge et sa condition physique ou mentale.

27. Toute personne détenue dans un établissement de détention en attendant l'issue de son procès a droit d'être séparée, jusqu'au jugement final, des prisonniers qui purgent une peine.

28. Toute personne arrêtée ou détenue a droit d'être promptement informée, dans une langue qu'elle comprend, des motifs de son arrestation ou de sa détention.

28.1 Tout accusé a le droit d'être promptement informé de l'infraction particulière qu'on lui reproche.

29. Toute personne arrêtée ou détenue a droit, sans délai, d'en prévenir ses proches et de recourir à l'assistance d'un avocat. Elle doit être promptement informée de ces droits.

30. Toute personne arrêtée ou détenue doit être promptement conduite devant le tribunal compétent ou relâchée.

31. Nulle personne arrêtée ou détenue ne peut être privée, sans juste cause, du droit de recouvrer sa liberté sur engagement, avec ou sans dépôt ou caution, de comparaître devant le tribunal dans le délai fixé.

32. Toute personne privée de sa liberté a droit de recourir à l'habeas corpus.

32.1 Tout accusé a le droit d'être jugé dans un délai raisonnable.

33. Tout accusé est présumé innocent jusqu'à ce que la preuve de sa culpabilité ait été établie suivant la loi.

© Les éditions La Pensée inc.

33.1 Nul accusé ne peut être contraint de témoigner contre lui-même lors de son procès.

34. Toute personne a droit de se faire représenter par un avocat ou d'en être assistée devant tout tribunal.

35. Tout accusé a droit à une défense pleine et entière et a le droit d'interroger et de contre-interroger les témoins.

36. Tout accusé a le droit d'être assisté gratuitement d'un interprète s'il ne comprend pas la langue employée à l'audience ou s'il est atteint de surdité.

37. Nul accusé ne peut être condamné pour une action ou une omission qui, au moment où elle a été commise, ne constituait pas une violation de la loi.

37.1 Une personne ne peut être jugée de nouveau pour une infraction dont elle a été acquittée ou dont elle a été déclarée coupable en vertu d'un jugement passé en force de chose jugée.

37.2 Un accusé a droit à la peine la moins sévère lorsque la peine prévue pour l'infraction a été modifiée entre la perpétration de l'infraction et le prononcé de la sentence.

38. Aucun témoignage devant un tribunal ne peut servir à incriminer son auteur, sauf le cas de poursuites pour parjure ou pour témoignages contradictoires.

CHAPITRE IV

Droits économiques et sociaux

39. Tout enfant a droit à la protection, à la sécurité et à l'attention que ses parents ou les personnes qui en tiennent lieu peuvent lui donner.

40. Toute personne a droit, dans la mesure et suivant les normes prévues par la loi, à l'instruction publique gratuite.

41. Les parents ou les personnes qui en tiennent lieu ont le droit d'exiger que, dans les établissements d'enseignement publics, leurs enfants reçoivent un enseignement religieux ou moral conforme à leurs convictions, dans le cadre des programmes prévus par la loi.

42. Les parents ou les personnes qui en tiennent lieu ont le droit de choisir pour leurs enfants des établissements d'enseignement privés, pourvu que ces établissements se conforment aux normes prescrites ou approuvées en vertu de la loi.

43. Les personnes appartenant à des minorités ethniques ont le droit de maintenir et de faire progresser leur propre vie culturelle avec les autres membres de leur groupe.

44. Toute personne a droit à l'informatique, dans la mesure prévue par la loi.

45. Toute personne dans le besoin a droit, pour elle et sa famille, à des mesures d'assistance financière et à des mesures sociales, prévues par la loi, susceptibles de lui assurer un niveau de vie décent.

46. Toute personne qui travaille a droit, conformément à la loi, à des conditions de travail justes et raisonnables et qui respectent sa santé, sa sécurité et son intégrité physique.

 © Les éditions La Pensée inc.

47. Les époux ont, dans le mariage, les mêmes droits, obligations et responsabilités.

Ils assurent ensemble la direction morale et matérielle de la famille et l'éducation de leurs enfants communs.

48. Toute personne âgée ou toute personne handicapée a droit d'être protégée contre toute forme d'exploitation.

Telle personne a aussi droit à la protection et à la sécurité que doivent lui apporter sa famille ou les personnes qui en tiennent lieu.

Chapitre V

Dispositions spéciales et interprétatives

49. Une atteinte illicite à un droit ou à une liberté reconnu par la présente Charte confère à la victime le droit d'obtenir la cessation de cette atteinte et la réparation du préjudice moral ou matériel qui en résulte.

En cas d'atteinte illicite et intentionnelle, le tribunal peut en outre condamner son auteur à des dommages exemplaires.

50. La Charte doit être interprétée de manière à ne pas supprimer ou restreindre la jouissance ou l'exercice d'un droit ou d'une liberté de la personne qui n'y est pas inscrit.

51. La Charte ne doit pas être interprétée de manière à augmenter, restreindre ou modifier la portée d'une disposition de la loi, sauf dans la mesure prévue par l'article 52.

52. Aucune disposition d'une loi, même postérieure à la Charte, ne peut déroger aux articles 1 à 38, sauf dans la mesure prévue par ces articles, à moins que cette loi n'énonce expressément que cette disposition s'applique malgré la Charte.

53. Si un doute surgit dans l'interprétation d'une disposition de la loi, il est tranché dans le sens indiqué par la Charte.

54. La Charte lie la Couronne.

55. La Charte vise les matières qui sont de la compétence législative du Québec.

56.1 Dans les articles 9, 23, 30, 31, 34 et 38, le mot "tribunal" inclut un coroner, un commissaire-enquêteur sur les incendies, une commission d'enquête et une personne ou un organisme exerçant des fonctions quasi judiciaires.

56.2 Dans l'article 19, les mots "traitement" et "salaire" incluent les compensations ou avantages à valeur précuniaire se rapportant à l'emploi.

56.3 Dans la Charte, le mot "loi" inclut un règlement, un décret, une ordonnance ou un arrêté en conseil adoptés sous l'autorité d'une loi.

Tâche de l'élève: Après avoir lu la Charte, écris quels sont, selon toi, les articles de la Charte que l'on peut invoquer dans les situations suivantes:

1. Un animateur de radio est condamné par un tribunal à s'excuser ainsi qu'à payer une amende pour avoir porté atteinte à la réputation d'une personnalité publique: ____________________

2. Myriam a porté plainte contre son employeur qui l'a mise à la porte en raison de sa grossesse: ____________________

3. Wesnel et Jean ont porté plainte en raison d'une publicité qu'ils jugeaient discriminatoire envers les personnes noires: ____________________

4. Des femmes ont lutté pour obtenir l'égalité salariale: ____________________

5. Une infirmière catholique refuse de travailler dans une clinique d'avortement puisque cette opération est interdite dans sa religion: ____________________

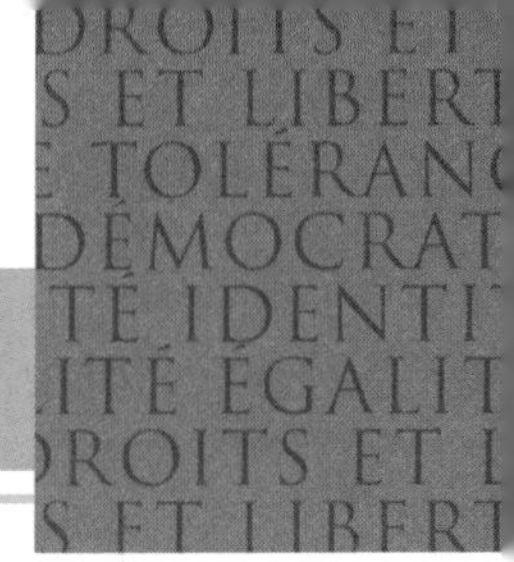

Présentation de la commission Bouchard-Taylor

Le 8 février 2007, afin de répondre aux expressions de mécontentement de la population face à la pratique des accommodements raisonnables, le gouvernement du Québec a décidé de mettre sur pied une commission devant remplir le mandat suivant:

a) «Dresser un portrait des pratiques d'accommodements qui ont cours au Québec,
b) analyser les enjeux qui y sont associés en tenant compte des expériences d'autres sociétés,
c) mener une vaste consultation sur ce sujet,
d) formuler des recommandations au gouvernement pour que ces pratiques d'accommodements soient conformes aux valeurs de la société québécoise en tant que société pluraliste, démocratique et égalitaire[37].»

Toutes les citoyennes et tous les citoyens ont été invités à s'exprimer sur la question de l'intégration socioculturelle ayant lieu au Québec depuis les années 1970. Les deux présidents en étaient Charles Taylor, philosophe de renommée internationale, et Gérard Bouchard, historien et sociologue.

Exemple d'un mémoire déposé à la commission Bouchard-Taylor

En tant que citoyenne féministe, mère de famille, étudiante et humaniste, je me suis sentie interpellée dans mes multiples identités par le débat sur les accommodements raisonnables et tous ceux qui l'ont rejoint. Car l'identité est multiple, et je constate tristement que de nombreuses personnes l'ont oublié en séparant le Belle Province en ces clans que sont le «Nous» et le «Eux». Des personnes immigrantes d'arrivée récente ou tardive se voient ainsi déchirées entre deux appartenances qu'on leur présente maintenant comme étant incompatibles. En dehors de la laïcité, point de salut. Et pourtant…

Quand je vois des gens craindrent l'assimilation en raison de quelques symboles religieux alors qu'ils se gavent d'émissions de télévision, de vêtements, de musique voire d'idéologies (pensons au capitalisme sauvage), le tout *made in USA*, je suis perplexe.

Suite à différents événements marginaux, les gens s'insurgent qu'ils n'ont plus de place dans leur pays. Notre identité est-elle si fragile que des foulards et des kirpans la menacent? Je ne le crois pas. J'ajouterais, comme de nombreuses autres personnes l'ont déjà fait, que d'interdire ces symboles identitaires et religieux à certains croyants ne fera que créer un repli identitaire, le contraire de l'effet souhaité.

L'égalité des sexes est prioritaire et je suis heureuse d'entendre partout qu'il s'agit d'une valeur «pilier» de notre société. Concrètement, comment donc gérer la diversité dans le

37 *Accommodements et différences – Vers un terrain d'entente: la parole aux citoyens*, document de consultation, gouvernement du Québec, 2007.

© Les éditions La Pensée inc.

respect des différences sans sacrifier ce qui assure notre cohésion sociale?
Refuser d'être servi par une personne d'un autre sexe (sauf lorsque cela est possible dans un hôpital ou tout service touchant le corps) est inacceptable. Je ne crois pas que la compétence d'une ou d'un fonctionnaire soit relative à ses croyances religieuses, affichées ou non. Pour voter ou franchir une frontière, je crois qu'il faut se dévoiler, mais devant une femme et non parce que je considère qu'il faille «plier» aux «exigences» comme d'autres l'entendent, mais simplement par respect humain.

Je mise beaucoup sur le nouveau programme Éthique et culture religieuse pour démystifier de nombreux malentendus qui tous les jours alimentent les tensions. Par exemple, je pense à une enseignante, par ailleurs cultivée et fort intelligente, qui se plaignait qu'un homme faisait la prière dans le parc «juste devant la circulation automobile par pure provocation» croyait-elle, alors qu'il s'agissait simplement de l'obligation du croyant de se tourner vers La Mecque pour prier…

En espérant que cette commission permettra de mieux se connaître mutuellement (les préjugés sont toujours dans les deux sens) et non simplement d'alimenter des rancœurs. Certes, il convient d'exprimer nos limites, mais apprendre à savoir qui est l'Autre est un devoir humain, et ultimement une source d'enrichissement personnel.

Chantal Bertrand
Montréal, 2007

Voici maintenant un exemple de mémoire écrit selon de nombreuses interventions faites pendant cette même commission.

Le Québec a toujours été une société minoritaire devant se défendre en raison de sa langue et de sa culture. Que de chemin parcouru depuis la période du «Chef» et de la Grande Noirceur! Depuis, le Québec a entrepris de se laïciser, s'est doté de la loi 101 et a été balayé par une révolution féministe accordant l'égalité complète et de manière inconditionnelle aux femmes. Tous ces faits constituent la base de notre identité collective et un précieux trésor à conserver.

La situation à laquelle nous assistons actuellement avec la remontée des fondamentalismes religieux me fait craindre un retour en arrière après toutes ces années de lutte. Nous nous sommes débarrassés de la religion dans un grand soupir de soulagement, il serait catastrophique de la laisser réintégrer la sphère publique. Si les gens veulent croire, rien ne les en empêche, mais qu'ils le fassent dans le privé.

Les immigrants sont les bienvenus chez nous, mais ils doivent s'adapter à nos coutumes et non l'inverse. L'école n'est pas un lieu pour le port de signes religieux et elle n'a pas à accommoder les élèves pour les innombrables célébrations et interdictions alimentaires de toutes les religions existantes. Protégeons notre culture et limitons au maximum les accommodements raisonnables de tous genres. Il y a une loi pour tous et c'est cela la vraie justice.

 © Les éditions La Pensée inc.

Nom: ______________________________ Groupe: ________

Fiche: Réflexion sur les mémoires

Tâche de l'élève: Réponds aux deux questions suivantes.

Résume la pensée des mémoires 1 et 2 en faisant ressortir les repères de chacun. Ensuite, formule des questions éthiques à partir de ces mémoires.

Avec lequel de ces deux mémoires te sens-tu le plus en accord et pourquoi? Si aucun des deux ne se rapproche de ton opinion, explique aussi pourquoi.

© Les éditions La Pensée inc.

Nom : ______________________________ Groupe : ________

Fiche : Discussion autour de l'identité

Tâche de l'élève : Réponds d'abord à la question d'une façon individuelle. Ensuite, en équipe de trois, discutez autour de cette question.

La notion d'identité était au cœur de la commission Bouchard-Taylor, cela explique l'émotivité et la sensibilité autour de la question des accommodements raisonnables. Alors que certains craignent que les accommodements raisonnables diluent notre identité québécoise, d'autres au contraire plaident qu'ils ne peuvent que l'enrichir et que l'identité peut être plurielle.

Qu'en penses-tu ? Justifie ta réponse (réflexion personnelle).

 © Les éditions La Pensée inc.

Résumé de la discussion en équipe.

© Les éditions La Pensée inc.

Évaluation de la synthèse de la discussion	
Réfléchir sur des questions éthiques **Analyse détaillée d'une situation d'un point de vue éthique.** • Explique des tensions ou des conflits de valeurs.	
Pratiquer le dialogue **Utilisation adéquate des éléments de contenu relatifs à l'interaction avec les autres.** • Exprime son point de vue à l'aide de moyens appropriés (la description, la comparaison, la justification, etc.). • Exprime des arguments dans une suite logique, sans contradiction les uns avec les autres et en lien avec le sujet traité (cohérence et pertinence). • Garde des traces du point de vue des autres.	
Compétence transversale: exercer son jugement critique • Justification nuancée du jugement.	
TOTAL	

Échelle d'appréciation				
A Très satisfaisant	B Satisfaisant	C Passable	D Insatisfaisant	E Nettement insatisfaisant

 © Les éditions La Pensée inc.

La notion d'accommodement raisonnable

On confond souvent les concepts «accommodement raisonnable» et «ajustement concerté». Il convient pourtant de les différencier.

Les accommodements raisonnables relèvent du juridique et visent à protéger une personne de discrimination indirecte[38] alors que les ajustements concertés sont des ententes dans le secteur privé, souvent entre gestionnaires et employés ou clients. Par exemple, la directrice d'une entreprise peut consentir à changer des jours de congé de maladie en congés «fériés» pour certains employés d'une confession autre que chrétienne afin de leur permettre de célébrer leurs propres fêtes religieuses.

Il faut noter que les employeurs sont tenus, dans la limite du raisonnable, d'accéder aux demandes de leurs employés. C'est ce qu'on appelle l'obligation d'accommodement. Le but de cette mesure est de s'assurer d'éviter toute forme de discrimination en raison d'un manque de souplesse envers l'application de certains règlements ou lois. On appelle contraintes excessives des demandes dont la lourdeur administrative ou les coûts seraient trop élevés pour la compagnie ou encore une situation dans laquelle les autres employés seraient trop pénalisés.

Une notion importante pour comprendre tout ce qui entoure cette problématique est celle de liberté de religion. Dans le premier cas, il ne s'agit pas seulement d'avoir le droit de croire en une religion, mais également de pouvoir l'exercer. Par exemple, le prosélytisme fait partie des croyances fondamentales des Témoins de Jéhovah et c'est pourquoi ils ont le droit de faire du porte-à-porte.

La liberté de conscience implique que c'est à l'individu de pouvoir juger de ce qui constitue sa croyance. Ainsi, dans le cas où un croyant ferait une demande d'accommodement raisonnable au nom de sa religion, il n'a pas à faire la preuve que cela correspond ou non à un dogme institutionnel. La ou le juge devra plutôt tenter de mesurer la sincérité de la personne. Les multiples interprétations de la Bible ou l'obligation de porter le voile sont des cas concrets d'impossibilité de pouvoir obtenir un consensus interne sur chaque aspect d'une religion. C'est donc la conscience individuelle qui compte.

38 Discrimination indirecte: «Atteinte aux droits de certains citoyens découlant de l'application rigide d'une loi ou d'un règlement. La notion semble perdre de la faveur auprès de la Cour suprême du Canada, mais elle reste en usage parmi de nombreux juristes.» (*Guide de consultation sur les pratiques d'accommodements reliés aux différences culturelles du gouvernement du Québec*)

© Les éditions La Pensée inc.

Mémoire pour la commission Bertrand-Dubois

1- Formation des équipes (maximum quatre).
2- Distribution des situations par l'enseignante ou l'enseignant.
3- Recherche et discussion autour de la situation :
   - Consultation de la Charte;
   - Recherche d'informations sur la religion et sur les lois civiles lorsque cela est nécessaire.
4- Rédaction de votre mémoire que vous présenterez devant la commission Bertrand-Dubois lorsque votre recherche sera complétée. Votre mémoire devra contenir les éléments suivants :
   - Description de la situation incluant les informations pertinentes concernant la religion en cause;
   - Explication des valeurs des deux parties;
   - Explication de la demande et des objections qu'on lui fait;
   - Énumération et justification des accommodements possibles, si aucun accommodement est possible dites pourquoi. Vous devez expliquer les raisons de votre choix en vous basant à la fois sur la Charte, sur les lois entourant les accommodements raisonnables et sur la religion en question.

Demandes d'accommodements

Onze cas inspirés de situations réelles

1. Un élève sikh souhaite pouvoir fréquenter l'école publique tout en conservant le droit de porter le kirpan, un des signes religieux prescrits par sa foi.

2. Une infirmière catholique refuse de s'occuper de cas impliquant des avortements puisque cette intervention médicale va à l'encontre de ses croyances religieuses.

3. Une femme musulmane portant le voile refuse de l'enlever devant les douaniers de sexe masculin.

4. Un CLSC organise des séances de cours prénataux où les pères ne sont pas admis puisque la majorité de leurs patientes, hindoues et musulmanes, refusent de parler de grossesse en présence d'hommes.

5. Un employé protestant d'un centre d'appel demande à ne pas travailler le dimanche puisqu'il doit aller à l'Église.

6. Des élèves se voient exemptés de cours de sexualité puisque leurs parents, des Témoins de Jéhovah, refusent que leurs adolescents soient exposés à de telles connaissances à leur âge.

 © Les éditions La Pensée inc.

7. Des étudiants musulmans exigent de leur université un local pour faire la prière.

8. Un homme de confession juive refuse que sa femme soit examinée par un médecin homme.

9. En cas de conscription, les protestants de dénomination mennonite seront exemptés d'aller au front puisque leurs croyances leur interdisent d'être soldats.

10. Un sikh demande à être exempté du port du casque protecteur en bicyclette et en motocyclette parce qu'il doit porter le turban.

11. Janette, responsable de la cafétéria d'une école secondaire multiethnique de Montréal, ne sait plus à quel saint se vouer. En effet, pour accommoder ses élèves juifs et musulmans, elle doit considérer que ces derniers ne mangent pas de porc, que les hindous ne consomment pas de viande, pas plus que les catholiques pendant la période de carême. Que faire ?

Évaluation du mémoire	
Réfléchir sur des questions éthiques **Analyse détaillée d'une situation d'un point de vue éthique.** • Décrit et met en contexte une situation (où, quand, pourquoi, qui, etc.). • Trouve des valeurs et des normes présentes dans des points de vue. • Reconnaît différents points de vue présents dans la situation. • Trouve les principaux éléments des points de vue énoncés. • Explique des tensions ou des conflits de valeurs. **Examiner une diversité de repères d'ordre culturel, moral, religieux, scientifique ou social.** • Trouve les principaux repères présents dans la situation. • Explique le rôle et le sens de ces repères dans des points de vue particuliers. • Explique comment un repère présent dans la situation peut avoir un sens ou un rôle différent dans un autre contexte. • Interroge la pertinence de certains repères. • Sélectionne les repères les plus pertinents pour réfléchir à la question éthique.	

 © Les éditions La Pensée inc.

Évaluer des options et des actions possibles. • Détermine plusieurs options ou actions possibles. • Trouve des critères permettant d'évaluer des options ou des actions en fonction du vivre-ensemble. • Justifie en quoi les actions ou les options favorisent le vivre-ensemble. • Explique des conséquences des options ou des actions sur lui, sur les autres et sur la situation. • Explique comment il est parvenu ou elle est parvenue à sélectionner des options ou des actions. • Justifie le choix des options ou des actions possibles. • Trouve des repères permettant de justifier des options ou des actions possibles.	
Manifester une compréhension du phénomène religieux **Analyse détaillée d'une expression du religieux.** • Décrit et met en contexte une expression du religieux. • Explique ce que représente, signifie ou symbolise une expression du religieux (signification). • Explique le rôle d'une expression du religieux (fonction). **Explication des liens entre des expressions du religieux et des éléments de l'environnement social et culturel.** • Trouve des expressions du religieux à travers l'espace. • Fait des liens entre une expression du religieux et des éléments de l'environnement social ou culturel. • Explique ce qu'ont en commun ou ce qui distingue une expression religieuse et un élément de l'environnement social ou culturel (origine, influence, réponses apportées à une question, etc.). • Explique ce que représente, signifie ou symbolise une expression de l'environnement social ou culturel (signification pour les individus et les groupes). • Explique l'utilité, l'utilisation ou le rôle d'une expression de l'environnement social ou culturel (fonction). **Analyse d'une diversité de façons de penser, d'être et d'agir.** • Explique des effets de certains comportements sur la vie en société.	

 © Les éditions La Pensée inc.

Pratiquer le dialogue	
Pertinence et quantité suffisante de traces écrites de l'organisation de sa pensée. • Nomme et définit les éléments qui constituent l'objet du dialogue. • Sélectionne les éléments essentiels qui constituent un point de vue (arguments, sentiments, croyances, faits, etc.). • Évalue des éléments importants qui constituent un point de vue. **Utilisation adéquate des éléments de contenu relatifs à l'interaction avec les autres.** • Exprime son point de vue tant à l'oral qu'à l'écrit. • Exprime des arguments dans une suite logique, sans contradiction les uns avec les autres et en lien avec le sujet traité (cohérence et pertinence). • Exprime son point de vue à l'aide de moyens appropriés (la description, la comparaison, la justification, etc.). • Sélectionne les points de vue essentiels à interroger. **Présentation d'un point de vue élaboré à partir d'éléments pertinents, cohérents et en quantité suffisante.** • Utilise les moyens appropriés pour élaborer un point de vue. • Détermine ce qui doit être approfondi ou clarifié dans les points de vue. • Interroge des raisons qui sous-tendent son point de vue, la fiabilité de ses arguments ou le réalisme de ses propositions.	
TOTAL	

Échelle d'appréciation				
A Très satisfaisant	**B** Satisfaisant	**C** Passable	**D** Insatisfaisant	**E** Nettement insatisfaisant

© Les éditions La Pensée inc.

Nom: ______________________________ Groupe: ________

Fiche: Intégration

Tâche de l'élève: Écris un texte dans lequel tu effectueras une synthèse de l'évolution de ta perception de la problématique des accommodements raisonnables. Tu dois mentionner les choses que tu as apprises, les choses qui t'ont étonné ou étonnée et celles qui ont modifié ou consolidé ton opinion de départ.

 © Les éditions La Pensée inc.

Annexe

Procédés qui entravent le dialogue

Voici les différents procédés qui pourraient entraver le dialogue. Afin de favoriser le dialogue, tu dois être capable de les reconnaître tant dans ton propre discours que dans celui de tes coéquipiers.

Généralisation abusive: Faire de un ou de quelques cas isolés des règles générales. Par exemple, affirmer suite à un scandale politique que tous les politiciens sont corrompus.

Attaque personnelle: Il s'agit de s'en prendre à la crédibilité d'une personne plutôt que d'essayer de déconstruire son argumentation. Par exemple, pointer un geste qui n'est pas écologique commis par un environnementaliste plutôt que de démontrer que ses propos ne sont pas solidement appuyés.

Appel à la popularité: Il s'agit de considérer quelque chose comme étant vrai non suite à une vérification de ce fait, mais simplement parce que « tout le monde le dit » ou « tout le monde sait bien que… ». Par exemple, dire que les Noirs sont plus dangereux que les Blancs au volant sans vérifier les implications réelles des deux groupes dans les accidents de la route.

Appel au préjugé: Cela consiste à faire appel à un préjugé, soit à une opinion préconçue pouvant être positive ou négative. Par exemple, dire que les femmes feraient de meilleures politiciennes puisqu'elles sont plus pacifiques ou au contraire dire qu'elles sont trop émotives pour bien assumer un rôle de pouvoir.

© Les éditions La Pensée inc.

Appel au stéréotype : Faire appel à un cliché plutôt qu'à l'évaluation de l'individu ou de la situation. Par exemple favoriser l'embauche de femmes dans un emploi nécessitant une grande capacité d'empathie, puisque l'on croit qu'elles le sont naturellement davantage que les hommes.

Appel au clan : Accepter ou refuser un argument puisqu'il l'est par des personnes que l'on juge ou non estimables. Par exemple, endosser les opinions politiques de notre famille sans se questionner personnellement sur ses valeurs à ce niveau.

Argument d'autorité : Cela consiste à s'appuyer abusivement sur l'autorité d'une personne pour appuyer ses arguments. Par exemple, puisque mon pasteur, mon imam ou mon rabin condamne telle auteure, je ne la lirai pas tout en me permettant de la critiquer.

Double faute : Il s'agit de justifier son comportement en s'appuyant sur les actes des autres qui font de même ou pire. Par exemple, se justifier de mentir un peu à ses parents sous prétexte qu'ils ont fait de même avec les leurs ou parce que tous nos amis le font aussi.

Caricature : Cela consiste à déformer la pensée ou la position d'une personne en la grossissant, en la simplifiant à l'outrance ou en la radicalisant au point de la rendre non crédible. Par exemple, dire que si on écoutait les écologistes, nous devrions tous vivre comme « les hommes des cavernes » pour sauver la terre.

 © Les éditions La Pensée inc.

Faux dilemme : Présenter deux seules possibilités en faisant abstraction des possibilités autres. Par exemple dire que l'on accepte toutes les demandes d'accommodement raisonnable ou qu'on les refuse toutes.

Fausse causalité : Prendre appui sur un lien douteux pour expliquer un phénomène. Par exemple dire que les femmes gagnent encore moins d'argent que les hommes, donc qu'elles sont forcément moins efficaces.

Fausse analogie : Prétendre à une vérité en utilisant une analogie injustifiée, puisque les phénomènes en cause sont trop différents. Par exemple, dire que si les pays riches doivent faire leur part dans des traités environnementaux comme Kyoto, les pays les plus pauvres doivent faire de même.

Pente fatale : Partir d'une petite action pour prédire un enchaînement menant nécessairement à une situation dramatique. Par exemple, dire à un enfant qui a volé un bonbon au dépanneur qu'il ne sera plus tard qu'un bandit.

Complot : Conclure qu'une personne profitant d'une situation est probablement à l'origine de cette dernière. Par exemple, affirmer qu'un gouvernement gagnant la faveur populaire suite à un attentat terroriste dans son pays est probablement à l'origine de ce drame.

© Les éditions La Pensée inc.

Notes

 © Les éditions La Pensée inc.

© Les éditions La Pensée inc.

© Les éditions La Pensée inc.

 © Les éditions La Pensée inc.